Barbara Link

Moderne Familienformen

Navigationshilfe für Alleinerziehende
und Patchwork-Familien

Bibliografische Information der Deutschen Nationalbibliothek
Die Deutsche Nationalbibliothek verzeichnet diese Publikation
in der Deutschen Nationalbibliografie; detaillierte bibliografische Daten
sind im Internet über http://dnb.ddb.de abrufbar.

ISBN 978-3-89994-168-5

Die Autorin: Die Journalistin Barbara Link hat zahlreiche Artikel zu den Themen
Familie und Kinder in Deutschlands renommiertesten Zeitungen und Magazinen
veröffentlicht, mehrere Bücher geschrieben und ist selbst alleinerziehende Mutter.

Bildnachweis:
Andres Rodriguez 123, cryssfotos 51, Eric Gevaert 17, Eric Isselée 26,
Grischa Georgiew 95, Philip Lange 20, www.digistock.de 37, 58, 81, 85

© 2008 humboldt
Ein Imprint der Schlüterschen Verlagsgesellschaft mbH & Co. KG,
Hans-Böckler-Allee 7, 30173 Hannover
www.schluetersche.de
www.humboldt.de

Lektorat:	Annerose Sieck, Neumünster
Covergestaltung:	DSP Zeitgeist GmbH, Ettlingen
Innengestaltung:	akuSatz Andrea Kunkel, Stuttgart
Titelfoto:	Mauritius
Satz:	PER Medien+Marketing GmbH, Braunschweig
Druck:	Artpress Druckerei GmbH, A-6600 Höfen

Inhalt

Vorwort

Das große Thema dieses Buch ist – der Umgang. Um es mit der amerikanischen Scheidungsforscherin E. Mavis Hetherington zu sagen: Schlimmer als Eltern, die streiten, sind getrennte Eltern, die weiterstreiten.

Ein vernünftiger, ja, verständnisvoller Umgang erfordert große Anstrengungen aller Beteiligten –, aber dieser mitunter steinige Weg dorthin ist es wert. Unterstützt von Expertinnen und Experten will dieses Buch nicht den theoretischen Beweis antreten, sondern vor allem praktischer Ratgeber auf Ihrem ganz persönlichen familiären Weg sein. Er berücksichtigt sicher nicht alle möglichen Trennungsvarianten und Patchwork-Familien-Konstellationen. Aber gerade die Erfahrungsberichte betroffener Eltern zeigen, wie ähnlich manchmal Probleme und wie verschieden Lösungsansätze sein können.

Nutzen Sie die verschiedenen Ansätze, wagen Sie neue Ideen!

Moderne Familienformen aus der Sicht der Forschung

Die bisherige Forschung hat gezeigt: Scheidungskinder sind im Vergleich zu Kindern aus Kernfamilien durchschnittlich stärker belastet. Die Auswirkungen sind jedoch im Einzelfall sehr unterschiedlich. Entscheidend für die Konsequenzen einer Trennung sind deren Begleitumstände und die Ressourcen der Kinder und der Familie. Die amerikanische Psychologie-Professorin E. Mavis Hetherington hat die bisher umfangreichste Untersuchung zu diesem Thema durchgeführt. Einer ihrer zentralen Erkenntnisse ist: Schlimmer als Eltern, die streiten, sind getrennte Eltern, die weiterstreiten.

Scheidungsfamilien im Visier

Drei Jahrzehnte lang beobachtete die Wissenschaftlerin die Entwicklung von Scheidungsfamilien in verschiedenen Studien. Das Besondere an diesen Untersuchungen ist nicht nur der ungewöhnlich große Zeitrahmen, sie beruhen zudem auf einer Vielzahl von Messungen, Methoden und Mitwirkenden. Hunderte von Studenten und Studentinnen waren an der Erhebung beteiligt. Die Daten wurden mittels Interviews, Fragebögen, standardisierten Testverfahren und den Beobachtungen von Familienbeziehungen gewonnen. Die Erwachsenen mussten Tagebuch führen, an drei Tagen der Woche sogar halbstündlich ihre Aktivitäten und Gefühle notieren. Gleichzeitig wurde eine nicht geschiedene Vergleichsgruppe untersucht, um zwischen Problemen, die allen Familien gemeinsam sind, und spezifischen Problemen von Trennungsfamilien unterscheiden zu können. Die Ergebnisse ihrer Untersuchung von fast 1 400 Familien finden sich in dem Buch „Scheidung. Die Perspektiven der Kinder".

||| **Wichtig: Vertrauensbeziehungen**

„Enge, unterstützende Vertrauensbeziehungen – ob zwischen Eheleuten, Liebespaaren, Eltern und Kindern, Geschwistern oder zu Menschen außerhalb der Familie – spielen die wichtigste Rolle, um Menschen gegen stressbelastete Ereignisse zu schützen. Keines unserer Kinder gedieh ohne die Anwesenheit eines liebevollen, Anteil nehmenden Erwachsenen in seinem Leben, und die positive Entwicklung einer neuen intimen Beziehung war für geschiedene Erwachsene der auffälligste Wendepunkt."

Aus: „Scheidung. Die Perspektiven der Kinder"

Hetherington warnt davor, nur die Risiken einer Trennung und erneuten Beziehung und die damit verbundenen Probleme der Kinder hervorzuheben. Damit tue man all

jenen unrecht, die trotz diverser Beeinträchtigungen für
ein geordnetes Familienleben sorgten – und verkenne die
menschliche Widerstandskraft.

||| Menschliche Anpassungsfähigkeit

„Es scheint eine starke Tendenz zur ‚Selbstkorrektur' zu geben, ein
Streben, mit den Herausforderungen, die sich im Leben stellen,
positiv fertig zu werden. Dazu gehören auch Scheidung, das Leben
als Alleinerziehende und Wiederverheiratung. Schließlich ist die
Anpassungsfähigkeit für das menschliche Überleben von zentraler
Bedeutung. Scheidung und erneute Heirat bringen sowohl für
Kinder wie für Erwachsene das Risiko erhöhter Stressbelastungen
mit sich, die zu Problemen in der ökonomischen oder schulischen
Leistungsfähigkeit beitragen können, zu Problemen bei der
sozialen und emotionalen Verhaltensanpassung und bei der
Bildung einer stabilen Intimbeziehung. (…) fröhliche und kompe-
tente Kinder können sich in jeder Art von gut funktionierenden
Familien entwickeln, einschließlich geschiedenen, allein erziehenden und wieder verheirateten Familien, wenn couragierte und
selbstlose Eltern sich um sie in rechter Weise kümmern."

Aus: „Scheidung. Die Perspektiven der Kinder"

In den 1990er Jahren hat sich die Anzahl der Veröffentli-
chungen über Stieffamilien in den USA verdreifacht. In
Deutschland gibt es bisher nur wenige derartige Unter-

suchungen. Im Forschungsprojekt „Familienentwicklung nach der Trennung", das von der Professorin Sabine Walper vom Lehrstuhl für Pädagogik an der Ludwig-Maximilians-Universität in München koordiniert wurde, haben Wissenschaftler und Wissenschaftlerinnen sechs Jahre lang in verschiedenen Regionen Ost- und Westdeutschlands allein erziehende Mütter sowie Stieffamilien und – zum Vergleich – stabile sowie zerstrittene Kernfamilien (mit beiden leiblichen Elternteilen) untersucht. Zu Beginn der Studie waren die Kinder zwischen neun und 19 Jahre alt, also in einem Alter, in dem die Trennung der Eltern überwiegend viele Jahre zurückliegt – im Durchschnitt mehr als sieben Jahre. Die umfangreiche Studie konnte zwischen den Kindern von Kern-, Mutter- und Stieffamilien keine Unterschiede hinsichtlich Selbstwertgefühl, Aggressivität, Integration und Ablehnung durch Gleichaltrige feststellen.

Risikofaktor: Andauernde elterliche Konflikte

Die Münchner Studie belegt Hetheringtons Befund: Ein großer Risikofaktor sind anhaltende elterliche Konflikte. „Sie beeinträchtigen das Kindeswohl, indem sie die Erziehungskompetenzen der Eltern unterminieren und die Kinder in Loyalitätskonflikte stürzen oder sie zwingen, Partei zu ergreifen." Stehen sich die Eltern

Anhaltende elterliche Konflikte nach der Trennung der Eheleute schaden dem Wohl des Kindes.

feindlich gegenüber, versuchen sie oft, das Kind auf die eigene Seite zu ziehen. Solcher „Koalitionsdruck" hat fatale Folgen und rächt sich langfristig. Denn im Jugendalter distanzieren sich die Kinder oft von demjenigen Elternteil, der den Druck ausübt. Und hoher Koalitionsdruck untergräbt selbst sonst positive Arrangements: Denn so werden beispielsweise für die Kinder häufige Kontakte zum getrennt lebenden Vater eher zur Last.

Auch im Erwachsenenalter sind ehemalige Trennungs- und Stieffamilien-Kinder hinsichtlich ihrer Einstellungen zu Ehe und Familie, ihrem Familienstatus und der Zufriedenheit mit ihrer eigenen Partnerschaft kaum von Kindern aus Kernfamilien zu unterscheiden, sagt Sabine Walper. „Es finden sich zwar einige Hinweise, dass Stiefkinder vergleichsweise früh sexuelle Beziehungen haben und auch früher ihr Elternhaus verlassen." Entscheidender als die Familienform ist jedoch die Qualität der Beziehung zwischen den Eltern. Heranwachsende aus Konfliktfamilien, egal ob getrennt oder zusammenlebend, sind auch Jahre später noch in ihrer Befindlichkeit und ihrer Sozialentwicklung beeinträchtigt.

Gesellschaftlicher Wandel

Die Tendenz der Statistiken für Deutschland zeigt deutlich den gesellschaftlichen Wandel an: Die Anzahl der nichtehelichen Lebensgemeinschaften ist von 137 000 im Jahr 1972 auf 1 593 000 im Jahr 2000, die Scheidungsquote ist von zwölf Prozent im Jahr 1965 auf 37 Prozent (2000) gestiegen. Auch immer mehr Mütter mit Kindern im Alter von sechs bis 14 Jahren sind berufstätig: 1975 waren es noch 33,1 Prozent, 2000 waren es 63,1 Prozent. Patchwork-Familien sind in den Statistiken des Statistischen Bundesamtes nicht enthalten. „Das Bundesamt erfasst nur haushaltsbezogene Daten und nicht die Entstehungsgeschichte dahinter", sagt Dr. Walter Bien

Die Zahl der nichtehelichen Gemeinschaften nimmt in Deutschland deutlich zu.

vom deutschen Jugendinstitut DJI in München. Vom DJI stammt der aktuellste Bericht über die Situation von Stieffamilien in Deutschland aus dem Jahr 2000. Demzufolge lebten in Deutschland zu diesem Zeitpunkt 1,17 Millionen Stiefkinder (7,6 Prozent aller Kinder in Familien). In dieser Zahl sind auch die Kinder erfasst, die mit einem leiblichen Elternteil zusammenleben, dessen neuer Partner aber nicht mit im Haushalt lebt. Das bedeutet laut Studie „im Vergleich mit den USA, aber auch mit Ländern wie Schweden oder den ehemaligen Ostblockstaaten" einen geringen Stiefkinderanteil.

Ein beachtlicher Anteil von 32 Prozent der Stiefkinder, der eine Trennung oder Scheidung erlebt hat, hat laut dieser

Studie keinen Kontakt mehr zum außerhalb lebenden Vater. Etwa gleich viele sehen ihren leiblichen Vater sporadisch mehrmals im Jahr, 29 Prozent sehen ihn mehrmals im Monat und nur jedes zehnte Stiefkind sieht den leiblichen Vater häufiger, nämlich mehrmals die Woche oder täglich. Der Vergleich mit Kindern Alleinerziehender zeigt, dass Stiefkinder ihren leiblichen Vater nicht nur seltener sehen, sondern auch häufiger keinerlei Kontakt mehr zu ihm haben.

Die Studie hat drei Faktoren ausgemacht, welche die Kontaktwahrscheinlichkeit negativ beeinflussen. Ein negativer Einfluss geht von der Trennungsdauer aus: Die Kontakte nehmen mit der Zeit ab, die seit der Trennung vergangen ist. Darüber hinaus haben Kinder aus verheirateten Stieffamilien seltener Kontakt mit dem leiblichen Vater als Kinder aus nichtehelichen Stieffamilien. Drittens wirkt sich eine Partnerschaft des externen Elternteils ebenfalls negativ auf die Kontaktwahrscheinlichkeit aus. Einen positiven Einfluss auf den Kontakt zwischen Stiefkind und dem außerhalb lebenden Elternteil hat dagegen das gemeinsame Sorgerecht. Förderlich ist laut Studie auch ein hoher Schulabschluss der Mutter: Mütter mit höherer Bildung achten offenbar stärker darauf, dass der Kontakt zum leiblichen Vater erhalten bleibt.

Einer weniger – erste Schritte aus dem Chaos

Das Leben lässt uns selten Atem holen. Hinter Ihnen liegt die Trennung und vor Ihnen die Neuorganisation Ihres Alltags, Ihres Gefühlslebens, Ihres Eltern-Seins.

Es ist eine Mischung an Gefühlen, die das Auseinanderbrechen einer Beziehung hinterlässt – ein Cocktail aus Wut, Trauer, Enttäuschung, Erleichterung, Selbstzweifel und Unsicherheit. Je nach Situation und Trennungsphase drängt mal das eine, mal das andere Element an die Oberfläche, und manchmal erlebt man die unterschiedlichsten Gefühle „gleichzeitig".

Dieses Kapitel soll Ihnen helfen, in der turbulenten Phase der Neuorganisation einen ersten Schritt aus dem Chaos zu finden.

||| Dinge ändern sich

„Man weiß nie, was daraus wird, wenn die Dinge verändert werden, aber weiß man denn, was daraus wird, wenn sie nicht verändert werden?"

Elias Canetti

Gefühle im Griff – im Griff der Gefühle

Ein häufiges Schwanken zwischen Stimmungshochs, einem Gefühl des Befreitseins, und Stimmungstiefs, Depressionen und Ängsten, ist – so die Berner Psychotherapeutin Liselotte Staub – besonders im ersten Jahr nach der Trennung häufig. Wie „leicht" waren da frühere Trennungen – ohne Kinder: Die Strategie „aus den Augen, aus dem Sinn" half verlässlich. Nicht sofort. Aber später. Man konnte beim Zähneputzen heulen vor dem leeren Badezimmer-Regal, zwei Tage im Bett bleiben, herzhaft fluchen auf der Suche nach dem Werkzeugkasten, die Nächte durchtelefonieren. Jetzt sollten Sie sich einigermaßen im Griff haben – Sie können Ihren Kindern Ihre Traurigkeit zumuten, nicht aber Ihre Haltlosigkeit.

In den letzten Jahren haben die „harmonischen" Trennungen zugenommen. Viele bleiben Freunde, haben sich „nur" auseinandergelebt oder die Partnerschaft als nicht befriedigend empfunden. Doch in der Mehrheit sind immer noch die Trennungen, bei denen es ordentlich kracht und die eine oft jahrelange Auseinandersetzung nach sich ziehen. Dieser Abschied im Kampf hat zwei Funktionen,

Auch wenn die „harmonischen Trennungen" zunehmen, bei der Mehrheit der Scheidungen „kracht" es ganz ordentlich.

Depressive Verstimmungen sind im ersten Jahr nach der Trennung besonders häufig.

sagt die Berner Psychotherapeutin und Scheidungsexpertin Liselotte Staub: „Der Kampf schützt die Eltern davor, sich der Endgültigkeit des Verlustes und dem damit verbundenen Schmerz zu stellen. Gleichzeitig macht er ihnen aber auch deutlich, dass die Liebe endgültig vorbei ist."

Nicht selten blieben die Paare aber in dieser Vorstufe stecken. Das ist aus mehreren Gründen fatal: Wer seine vielen

ungeklärten Gefühle nach der wichtigen Trauer- und Wut-
phase nicht in den Griff bekommt, stagniert in seiner eigenen Entwicklung und ist nur schwer in der Lage, seinen
Kindern gegenüber eine neue und verantwortungsbewusste
Elternrolle einzunehmen. So nehmen Sie auch die Probleme
der gescheiterten Beziehung mit in die nächste.

Umgang mit Schuldgefühlen

Die Entscheidung zur Trennung ist häufig keine gemeinsame. Oft ist es nur ein Partner, der den Trennungsent-
schluss für sich fasst. Unabhängig davon, wer von Ihnen
die Trennung wollte, wie „schlecht" die Ehe und wie groß
der Wunsch nach ihrer Auflösung gewesen war, das Ende
jeder Ehe ist mit emotionalem Stress verbunden.

Wenn Ihr Partner beschlossen hat, ohne Sie weiterzuleben,
fühlen Sie sich wahrscheinlich verletzt, wertlos, nicht lie-
benswert, deprimiert. Wer seinen früheren Partner immer
noch liebt und ihn nicht verlieren will, wird jedes freund-
liche Zeichen von ihm als Hoffnungsschimmer für eine
Versöhnung oder Wiedervereinigung deuten. „Meistens
werden diese Hoffnungen jäh enttäuscht und führen zu
noch größeren Verletzungen, Kränkungen und abwei-
sendem Verhalten des Ex-Partners oder der Ex-Partnerin",
sagt Liselotte Staub.

Viele haben dann das Bedürfnis, den Ex-Partner oder die Ex-Partnerin für die erlittene Ungerechtigkeit zu strafen. Diese Gefühle sind normal. Die Psychotherapeutin rät: „Akzeptieren Sie, dass Sie so denken, denn erst dann ist es möglich, dass sich diese Gefühle verändern." Droht die Beziehung zwischen den Ehepartnern endgültig abzubrechen, wird oft von einer oder beiden Seiten mit allen Mitteln versucht, den Kontakt wieder aufzunehmen: durch Streit über finanzielle Regelungen, über die Kinder bis hin zu einer regelrechten gegenseitigen Terrorisierung. Auch Schuldgefühle, Selbstvorwürfe, Selbstzweifel, Hoffnungslosigkeit und das Gefühl, gescheitert zu sein, sind weit verbreitet. Für einige Betroffene führen diese Gefühle dazu, das psychische Gleichgewicht zu verlieren oder körperliche Beschwerden zu entwickeln.

Wenn Sie beschlossen haben, ohne Ihren Partner weiterzuleben, sind Sie wahrscheinlich emotional besser auf die Trennung vorbereitet als Ihr Partner oder Ihre Partnerin. Wahrscheinlich fühlen Sie sich aber für den Bruch nun stärker verantwortlich und empfinden auch Schuldgefühle, vor allem wenn Ihr Partner in eine große innere Not geraten ist. Vielleicht zweifeln Sie an der Richtigkeit Ihrer Entscheidung oder versuchen, sich ständig zu rechtfertigen. Wenn Sie die Trennung initiiert haben, ist es wichtig, für diesen Schritt auch die volle Verantwortung zu übernehmen. Das bedeutet auch für die Not der Kinder die Verantwortung zu übernehmen.

Schutzfaktoren im Durcheinander der Gefühle

Es gibt mehrere Faktoren, die Sie bei einer Trennung vor den negativen Folgen schützen können. Eigenschaften und Umstände, die Sie die Belastungen ein wenig leichter ertragen lassen, sind laut E. Mavis Hetherington unter anderem soziale Reife, Autonomie, Arbeit, soziale Unterstützung und eine neue Liebesbeziehung. Wie auch immer eine Trennung erlebt wird, wichtig ist es, Zeit für sich selbst zu haben.

Bewegung an der frischen Luft hilft, aus dem Stimmungstief herauszukommen.

Wichtige Haltestellen für die Achterbahn der Gefühle sind:

- Familienmitglieder, Freunde, Therapeuten, denen Sie erzählen können, wie es Ihnen geht, die zuhören, fragen, nachhaken. Edith Weiser, Geschäftsführerin des Verbandes allein erziehender Mütter und Väter in Nordrhein-Westfalen, rät zu Gesprächen mit Menschen, die Ihnen durchaus kritisch Feedback geben. „Es ist wichtig, in der Wut-Phase richtig zu schimpfen. Aber dann müssen Sie einen Schritt weitergehen."
Das Gegenüber müsse einem einen Spiegel vorhalten können und damit auch alte Ressourcen wieder zu Tage fördern. Wer sich hartnäckig im Kreis drehe, dem sei eine Beratung durch eine neutrale Person anzuraten.

- Auch in vielen Internet-Foren (Adressen im Anhang) können Sie sich Ihre Gefühle von der Seele schreiben. Bevor Sie hoffnungsfroh einen Eintrag formulieren, lesen Sie das Forum quer, um seine Qualität einschätzen zu können. Bedenken Sie Folgendes: Der Blickwinkel fremder Menschen birgt ungewöhnliche und damit auch hilfreiche Ansichten und Einwände. Um aber auch wirklich Hilfreiches zu erfahren, muss man klar formulieren und ausführlich erzählen. Das kann sehr nützlich sein, um die eigenen Gedanken zu sortieren. Es wird jedoch mühsam, wenn Sie einmal Dargelegtes immer wieder richtig stellen und erklären müssen. Die Erfahrung zeigt, dass gerade lange „Threads" (so nennt man den „Faden" von Antworten auf einen Beitrag) selten durchgelesen werden.

— Frischluft-Pausen: Und wenn es nur zehn Minuten sind und draußen gerade der Schneesturm tobt – bewegen Sie sich an der frischen Luft. Der Sauerstoff bringt Ihren Körper und Kreislauf in Schwung, nicht nur die Stimmung steigt, auch die Anspannung in den Muskeln lässt nach.

— „Leerlauf": Ungewohnt und sicher nicht schön. Ihre Tage sind prall gefüllt mit Organisatorischem. Die wenigen Pausen füllen sich automatisch und durchaus bewusst mit Verabredungen. Doch rastlos jede Minute zu verplanen, lässt dem so wichtigen Zu-sich-Kommen keinen Platz.

— Wagen Sie eine Single-Auszeit: Unternehmen Sie Dinge bewusst allein. Das ist ungewohnt und zunächst vielleicht unangenehm. Aber es verhilft in kleinen Schritten zu mehr Selbstbewusstsein.

– Gönnen Sie sich ein bisschen Luxus: Sei es ein Kaffee, nicht nur „zum Mitnehmen", oder ein Kino-Abend mit Freunden. Wenn Ihnen das schwer fällt: Je besser es Ihnen selbst geht, desto besser können Sie Ihre Kinder begleiten.

Neuorganisation des Alltags

In der Trennungszeit mag die Tatsache helfen, dass nun neben dem Alltag jede Menge neu zu organisieren ist, in der Regel vor allem Ihre finanzielle Situation. Auch wenn Sie sich einvernehmlich getrennt haben, keine Auseinandersetzungen über Unterhaltsansprüche zu erwarten sind und der Freundes- und Bekanntenkreis eine Fülle von Erfahrungswerten, Halbwissen und Ratschlägen parat hat: Informieren Sie sich frühzeitig bei Experten über Ihre individuelle Situation, z. B. bei den zahlreichen Ortsgruppen des Verbandes allein erziehender Mütter und Väter (Adresse im Anhang). Ein derartiges Gespräch über Ihre Rechte, Möglichkeiten und Aufgaben verschafft zusätzlich Struktur und Überblick – und das nicht nur denjenigen von Ihnen, die im emotionalen Scherbenhaufen keinen klaren Gedanken fassen können.

So sehr man sich eine schnelle Abwicklung wünscht: Das Verarbeiten der alten Beziehung beansprucht meist mehr Zeit, als Ihnen lieb ist. Es klingt ernüchternd, aber es vergehen oft Jahre. Fachliche Hilfe erleichtert Ihnen diesen mühsamen Prozess.

Denn um die Weichen neu stellen zu können, müssen beide Seiten zwei Dinge begreifen, erklärt Liselotte Staub: „Wenn ich mir bewusst bin, dass ich Fehler gemacht habe und mir diese Fehler auch verzeihen kann, brauche ich keine Sündenböcke und kann mich mit dem neuen Leben besser abfinden. Wenn ich als ‚Opfer' akzeptieren kann, dass es Dinge gibt in meinem Leben, die ich nicht beeinflussen kann, dass meine Enttäuschung das Produkt meiner Erwartungen ist, dann brauche ich nicht ein Leben lang zu trauern oder mit Rachegefühlen durchs Leben zu gehen." Dabei spielt auch die räumliche Situation eine Rolle.

Wer ausgezogen ist, hat die Trennung durch die räumliche Veränderung direkt vor Augen. Der Schlussstrich ist sichtbar. Derjenige, der zurückbleibt, erblickt Gewohntes vor sich. So ungünstig ein Umzug und damit ein weiterer Verlust von Vertrautem für die Kinder ist, für einen selbst ist der räumliche Wechsel durchaus positiv, da er hilft, Abstand zu gewinnen und klare Grenzen zu ziehen.

||| **Ein Umzug kann helfen**

„Ich bin dann von Paris nach Berlin gezogen. Diesen Umzug hat mein Ex-Mann zunächst als eine Art ‚Rache' gesehen. Aber Gespräche mit Freunden haben ihn dann überzeugt, dass es wichtig war für mich zu gehen. Die Wohnung in Berlin war kleiner. Ich habe den ganzen Krempel ausgemistet und das war auch als symbolischer Akt sehr befreiend, um einen Schnitt zu machen. Auch sonst ist es wichtig, ein eigenes Leben anzufangen. Dann starrt man nicht immer so auf den anderen." *Christine, 47 Jahre*

Der Alltag reorganisiert sich meist nur schleichend. Die Dinge, die zu erledigen sind, sind genauso zahlreich wie früher, nur stemmen Sie diese jetzt allein. Das geht meist auch eine Zeit lang ganz passabel, da Krisensituationen oft einen verborgenen Turbo-Knopf aktivieren. Ob nun aus Erleichterung, Aufbruchsstimmung oder schlechtem Gewissen – auf einmal ist mehr in kürzerer Zeit möglich als bisher. Es kann durchaus Spaß machen, alles allein zu managen.

In Krisensituationen ist es möglich, einen bis dahin unbekannten Turbo-Knopf zu aktivieren.

Doch irgendwann ist dieser Zusatz-Akku leer, der zerplatzte Joghurtbecher lässt Sie in Tränen ausbrechen, der Sohn bringt die dritte Fünf nach Hause, der Chef hat schon wieder gefragt, wo denn die PowerPoint-Präsentation bleibt. Und die Bewunderung von außen „Wie du das jetzt alles so allein schaffst?!" trägt auch nicht dazu bei, schlicht zu antworten: „Ich kann aber nicht mehr."

TÜV für den Alltag

Wenn Ihnen alles über den Kopf wächst, Sie zwischen drei Stühlen gleichzeitig sitzen und immer mehr „Baustellen" auftauchen: Setzen Sie sich hin und schreiben Sie sich das Programm für jeden einzelnen Tag Ihrer Woche auf. Vergessen Sie kein Detail, weder den Punkt „schnell einkaufen" noch „staubsaugen".

Der Alltag mit allem, was dazugehört, muss allein bewältigt werden.

Neuorganisation ist Arbeit und bedeutet nicht nur, sich etwas vorzunehmen, sondern konkrete Umsetzung – und zwar bald. Nicht jeder hat das Talent zur Planung. Umso wichtiger ist Struktur. Haben Sie

Ihre Liste zusammengestellt, überprüfen Sie jeden Punkt auf seine Durchführbarkeit. Durchforsten Sie ehrlich Ihre bisherigen Erfahrungen: Ist der tägliche Kleineinkauf nach dem Kindergarten noch praktikabel? Sie kommen morgens immer fünf Minuten zu spät zur Arbeit – dem Chef ist das ein Dorn im Auge. Wie lässt sich das ändern?

||| Die etwas anderen Notbremsen im Alltag

- Ein schöner Spruch: „When too perfect lieber Gott böse". Abschreiben und sichtbar aufhängen!
- Nehmen Sie Druck raus! Sind ausnahmsweise 20 Euro für eine Putzfrau drin? Dann leisten Sie sich dieses unbeschreibliche Gefühl klarer Fensterscheiben und wollmausfreier Zimmerecken.
- Denken Sie sich ein „Stopschild-Wort" aus. Ein Wort, das Sie zum Lachen, zum Innehalten zwingt, wenn gleich die Nerven durchgehen. Aus Erfahrung bewährt: Okapi-Poster, Schabrackentapir, Himlamaja (!), nicht Himalaja. Warum? Lesen Sie mit Ihren Kindern „Großvater und die Wölfe" von Per O. Enquist, dann wissen Sie es.
- Es gibt sicher ein Lied, dass Sie verlässlich in gute Laune versetzt. Legen Sie sich die CD für Krisenzeiten schon mal zurecht. Rechtzeitig eingelegt, entspannt Musik ungemein.

Dieser Alltags-TÜV offenbart sicher Optimierungsmöglichkeiten. Er zeigt in der Regel eine Menge oft bislang wenig oder nicht mehr genutzter Ressourcen, dazu zählen vielleicht auch die Großeltern! (siehe Seite 84) Und: Es schlummern hier und da ungeahnte Möglichkeiten, Verantwortung auch mal abzugeben.

Lassen Sie los!

Wer schon in der Beziehung Kinder, Haushalt und Beruf geregelt und koordiniert hat, wird diese Fäden – allein auf sich gestellt – erst recht nicht loslassen wollen. Doch zuallererst müssen Sie sich überhaupt bewusst sein, dass Sie festhalten. Dann versuchen Sie loszulassen. Die neue Praktikantin ist viel fitter in PowerPoint als Sie? Lassen Sie sie an die Präsentation! Ihr Kind spielt gern mit dem Nachbarsmädchen, nur, da gibt's immer soviel Süßkram. Die Wahrscheinlichkeit, dass Ihr Kind daran ernsthaft Schaden nimmt, ist bei Lichte betrachtet eher als gering einzuschätzen – und Sie gewinnen Zeit.

Die Beraterinnen des Münchner Vereins „TuSch – Trennung und Scheidung – Frauen für Frauen e.V." machen die Erfahrung, dass Mütter zwar leicht Kontakte zu anderen Mütter knüpfen, sich aber oft scheuen, ihr soziales Netzwerk auch in Anspruch zu nehmen.

Leisten Sie Ihren Kindern Beistand!

Ist das Scheitern einer Beziehung schon in kinderlosen Zeiten schmerzhaft und kraftraubend – jetzt fordert die Trennung auch noch parallel Beistand für Ihre Kinder von Ihnen. So orientierungslos, verletzt, verlassen und schuldig Sie sich fühlen mögen, Sie dürfen von Ihren Kindern keine Rücksicht auf Ihre psychisch schlechte Verfassung erwarten. Das würde sie komplett überfordern. Der Entwicklungsstand Ihres Kindes bei der Trennung beeinflusst maßgeblich

> **Es ist wichtig, Kindern so früh wie möglich die Wahrheit über die elterlichen Konflikte zu sagen.**

sein Verlustgefühl und auch sein Bedürfnis nach Umgang mit dem fehlenden Elternteil. Hat es das Weggehen eines Elternteils erlebt und erinnert es sich daran? Vermisst es den abwesenden Elternteil im Alltag? Hat dieser noch Platz im Leben des Kindes?

Familientherapeut Thomas Gerling-Nörenberg ermutigt dazu, so früh wie möglich den Kindern die Wahrheit über die elterlichen Probleme zu sagen: „Kinder erleben die Wahrheit oft als befreiend, denn sie spüren schon längst die unausgesprochenen Spannungen und Auseinandersetzungen ihrer Eltern." Werden die Konflikte lange unter den Teppich gekehrt, beginnen die Kinder, ihren Wahrnehmungen zu misstrauen. „Die Angst, die Kinder zu verunsichern, ist meist im Kopf der Erwachsenen. Setzen Sie sich, vielleicht auch mit Hilfe von fachkundiger Beratung damit auseinander, helfen Sie sich und Ihren Kindern."

||| **Wenn die Worte fehlen ...**

„Ich merke heute noch, fünf Jahre nach der Trennung, dass mir auf Nachfragen meiner Kinder die Worte fehlen. Die Gründe kommen mir kindgerecht formuliert so banal vor."

Alexandra, 34 Jahre

Aktuelle Studien belegen, dass Kinder die Trennung ihrer Eltern besser verkraften, wenn sie schon vor der eigentlichen Scheidung mitbekommen, dass die Erwachsenen Probleme miteinander haben. Die Entscheidung wird zumindest verständlicher. So grotesk es klingen mag, „harmonische" Trennungen sind für die Kinder schwer zu verstehen. Warum saß Papa gestern noch mit beim Abendessen und heute stehen die Koffer im Flur? „Das Kind hat die Eltern vielleicht nie streiten sehen und versteht nicht, warum sich diese jetzt trennen. Das führt zu einer größeren Verunsicherung, denn die Trennung war nicht vorhersehbar und ist nicht nachvollziehbar", erklärt die Berner Psychologin und Scheidungsexpertin Liselotte Staub.

Den Kindern die Trennung erklären

Am besten erklären Sie Ihre Entscheidung den Kindern gemeinsam – mit viel Zeit und Geduld. Seien Sie vorbereitet: auf Fragen, Schweigen, auf Tränen oder Wut. Erklären Sie Ihrem Kind, dass Sie sich trennen werden und nennen Sie diejenigen Gründe, die auch für Ihren ehemaligen Partner gelten können. Überlegen Sie sich vorher die Formulierung, die Sie wählen wollen und ob Ihr Kind diese auch verstehen wird.

Erst in einem Alter ab etwa zehn Jahren können Kinder sich eine Vorstellung von Begriffen wie Partnerschaft und Liebe machen. Details sind unnötig und für beide Elternteile nur belastend. Die Gefahr, sofort wieder in Streit zu verfallen, ist groß und in dieser Situation völlig unbrauchbar. Vermitteln Sie Ihrem Kind deshalb ruhig und sachlich, dass das Leben jetzt zwar in anderen Bahnen laufen wird, aber dass Sie wissen, wie Sie diesen Weg beschreiten.

||| Mit den Kindern sprechen

„Als meine Eltern sich getrennt haben, war meine Schwester 14 Jahre und ich zwölf Jahre alt. Sie haben uns eines Tages oben in das Zimmer gerufen und uns eröffnet, dass sie sich trennen werden. Meine Eltern haben sich oft gestritten und offensichtlich ▶

war das Verhältnis auch für mich so spürbar schlecht, dass ich schon im Kindergarten mit einer Freundin vereinbart hatte, nie würden wir heiraten und Kinder kriegen. Aber an eine Trennung unserer Eltern haben meine Schwester und ich trotzdem nicht gedacht. Wir sollten an jenem Tag dann beide auch gleich entscheiden, zu wem wir wollten. Wir haben gesagt, wir wollen bei meiner Mutter bleiben. Da hat mein Vater angefangen zu weinen und das hat mir so leid getan. Ich hab mich zu ihm auf den Schoß gesetzt und habe versucht ihn zu trösten. An dem Wochenende, an dem er ausgezogen ist, habe ich bei einer Freundin übernachtet."

Sabine, 39 Jahre

Zwischen dem weiter oben empfohlenen Verhalten und der von Sabine durchlittenen Offenbarung liegen Welten. „Dem Kind gemeinsam die Trennung zu erklären, ist unheimlich schwer und eine hohe Leistung", sagt Edith Weiser vom VAMV Nordrhein-Westfalen. „Man muss kein schlechtes Gewissen haben, wenn man das nicht schafft!"

Wenn Sie Ihrem Kind einzeln von der Trennung erzählen, dann überlegen Sie sich auch hier gut Ihre Worte. Es ist verständlich, dass Sie die Situation schnell hinter sich bringen wollen. Aber so wie Sie Ihr Kind trösten und ihm beistehen, wenn es sich verletzt hat, so dürfen Sie es auch jetzt nicht allein lassen. „Die Paarbeziehung ist vorbei, es geht jetzt nur noch um die Elternbeziehung", betont Edith Weiser. So sehr Sie also mit dem eigenen Gefühls-Chaos beschäftigt sind: Versuchen Sie Ihren Erwachsenen-Blick abzulegen und zu fragen: Was ist das Beste für mein Kind?

Verantwortung für die Not der Kinder übernehmen

Kinder reagieren auf die Trennung der Eltern oft mit Auffälligkeiten. „Dies halten Eltern oft nur schwer aus, wenn sie unter einem sehr hohen Anspruch an sich selber stehen: Sie wollen perfekte Eltern sein, wollen ihr Kind immer glücklich sehen und von ihm zu jeder Zeit geliebt werden", sagt Liselotte Staub. Durch die Notsignale der Kinder und ihr auffälliges Verhalten kommen solche Eltern in einen inneren Notstand. Ihre Situation wird dann erträglicher, wenn sie dem Partner die Schuld für die Reaktionsweisen der Kinder zuschieben oder – im Gegenzug – diese Auffälligkeiten verharmlosen und die Not der Kinder bagatellisieren.

Mit diesen Manövern versuchen manche Eltern von den unverträglichen Schuldgefühlen loszukommen, die ihnen die Not der Kinder bereitet. Aber genau das Gegenteil ist Ihre Aufgabe als verantwortliche Eltern: die aktive Übernahme der Schuld für die Folgen des Scheiterns Ihrer Paarbeziehung. Erst dann können Sie Ihr Kind verstehen und von seiner Not wirklich betroffen sein.

Kinder fühlen sich oft schuldig

Vielleicht haben Sie sich vor allem über Dinge gestritten, die Ihre Kinder betreffen: die Schulnoten, das unaufgeräumte Kinderzimmer, den Krach, die richtige Erziehung … Dieser Umstand darf aber keinesfalls dazu führen, dass Sie Ihren Kindern das Gefühl geben, schuldig an der Trennung zu sein.

||| Schuldgefühle

„Für die Jungen und Mädchen in meiner Untersuchung war die Scheidung eine unerklärliche Katastrophe. Wie konnte sich ein Kind in der Welt sicher fühlen, in der Erwachsenen plötzlich unberechenbar wurden? Das Scheitern der Ehe lag so weit außerhalb der normalen Erfahrungswelt der Kinder, dass die meisten von ihnen es nur verstehen konnten, wenn sie sich selbst die Schuld dafür gaben. Kein Wunder also, dass ein vierjähriges Mädchen mir gestand: ‚Mein Papa hat meine Mama und mich verlassen, weil er mich nicht mehr mag.'"

Aus: „Scheidung. Perspektiven der Kinder"

Wie oft entschlüpfen einem gerade in aufgebrachten Situationen Sätze oder Reaktionen, deren Wirkung man nicht beabsichtigt hat und derer man sich erst zu spät bewusst wird. „Dass sich gerade kleine Kinder leicht schuldig an der Trennung fühlen, liegt an ihrem Weltbild", erklärt Thomas Gerling-Nörenberg: Ein Kind erlebt sich zunächst als Mittelpunkt der Welt, denn das Verhältnis von Ursache und Wirkung wird von Geburt an als sehr ichbezogen erlebt. Sein Jammern und Weinen, seine

Kleine Kinder fühlen sich oft schuldig, wenn die Eltern sich trennen.

ersten Schritte, die ersten Worte hatten in der Regel durchschlagende Reaktionen zur Folge. Lerneffekt: „Ich kann viel bewirken." Dieses Weltbild ist prägend in der Säuglings- und Kleinkindphase, also von Geburt bis etwa zum Alter von drei Jahren. Danach nimmt die Wirkung bis etwa zum Ende der Grundschulzeit ab.

Die Psychotherapeutin Liselotte Staub sagt: „Gerade wenn das Verhalten der Kinder in der Vergangenheit manchmal durchaus zu Streitigkeiten zwischen den Eltern geführt hat, sagen Sie ihnen, dass Kinder das Recht hätten, sich manchmal unmöglich zu verhalten und dass dies kein Trennungsgrund für die Eltern ist." Eltern sollten auch nicht den Fehler machen, sich von Schuld zu befreien, indem bei den Kindern für Verständnis geworben wird im Sinne von: „Für euch ist es auch besser, wenn der Papa weg ist und wir uns nicht mehr streiten." In der Regel haben es Kinder lieber, wenn die Eltern streiten, als wenn sie sich trennen.

Von der Art des Umgangs

Vor dem geschilderten Hintergrund ergibt sich für jedes Alter eine andere „Gebrauchsanleitung". Liselotte Staub hat aus ihrer Erfahrung folgende Unterschiede festgestellt.

Vorschulkinder

– sind sich ihrer Abhängigkeit von den Eltern bewusst und sorgen sich um ganz konkrete Dinge: Wer kocht für mich, wer bringt mich zum Kindergarten? Haben Eltern wenig Zeit für das Kind und sind Eltern sehr mit den eigenen Problemen beschäftigt, empfindet dies das Kind als Liebesentzug und reagiert z. B. mit Traurigkeit. Zeigen Sie Ihrem Kind im Alltag, dass Sie sich auch weiterhin um es sorgen, seine Mahlzeiten kochen, es von der Schule abholen.

– neigen dazu, sich im Mittelpunkt des Geschehens zu sehen. Sie machen sich für das Scheidungsgeschehen verantwortlich. Denken etwa „weil ich ungehorsam war, ist Papi weggegangen!" Durch besonders „gutes" Verhalten versucht das Kind, dass der weggezogene Elternteil

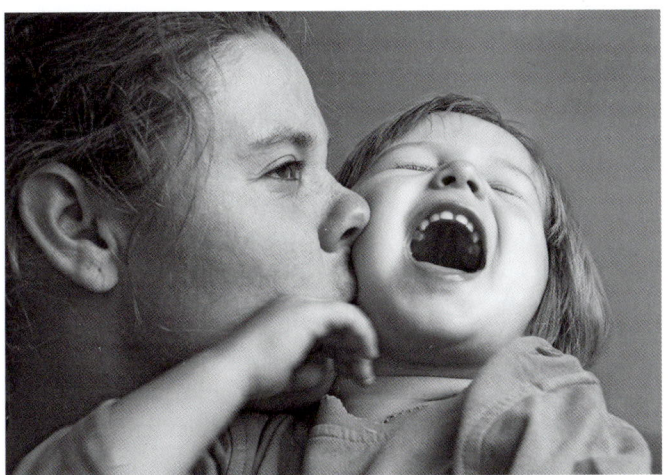

Trotz aller Schwierigkeiten: Es ist wichtig, für Ihr Kind da zu sein und sich mit ihm zu beschäftigen.

wieder zurückkommt. Da diese Bemühungen nicht erfolgreich sein können, reagiert das Kind mit Enttäuschung, Wut gegenüber beiden Elternteilen, Gleichaltrigen und Kindergärtnerinnen. Erklären Sie Ihrem Kind verständlich, warum Sie sich trennen; z.B., weil Mama und Papa sich nicht mehr verstehen und nicht mehr zusammenleben möchten. Sagen Sie Ihrem Kind, dass es an der Trennung und den Problemen zwischen Ihnen und Ihrem Partner/Ihrer Partnerin in keiner Weise

Schuld hat und die Scheidung nichts mit seinem Verhalten zu tun hat.

— haben eine andere Logik als ältere Kinder und erst recht als Erwachsene. Sie sehen beispielsweise nicht ein, weshalb Streit ein Grund für eine Trennung ist. Sie streiten sich ja selbst auch mit andern, aber „trennen" sich nicht gleich von den Freunden. Sie haben noch unklare Vorstellungen von Zeit und Entfernung und können nicht unterscheiden, ob ein Elternteil die Familie für immer verlässt oder „nur" arbeiten geht. Das verstärkt ihre Angst, dass vielleicht auch der andere Elternteil geht. Geben Sie Ihrem Kind Gelegenheiten, die eigenen Ängste und Befürchtungen auszudrücken und ermuntern Sie Ihr Kind, über seine Sorgen zu sprechen.

— zeigen deutliche Verlustreaktionen. Angst, Verwirrung, Weinen, Traurigkeit, gesteigerte Aggressivität, Trotz, Fantasien, Schuldgefühle, Schlafstörungen, vermehrtes Verlangen nach körperlichem Kontakt, Regression (Rückschritt auf eine Verhaltensweise, die typisch für ein jüngeres Alter ist, z. B., indem ein Kind wieder einnässt) sind Reaktionen und Verhaltensweisen, die Kleinkinder nach der Trennung der Eltern oder der Abwesenheit eines Elternteils sehr oft zeigen.

Verbringen Sie so viel Zeit wie möglich mit Ihrem Kind.

Schulkinder

– vermissen den abwesenden Elternteil ungeachtet der vorherigen Beziehung zu ihm sehr. (Schul-)Kinder wollen auf beide Elternteile stolz sein. Ermöglichen Sie Ihrem Kind, sich eine eigene Meinung über Sie und den anderen Elternteil zu bilden.

– sind häufig wütend auf den sorgeberechtigten Elternteil, der in den Augen des Schulkinds am Weggang des anderen schuld ist. Die Kinder haben aber auch Angst, bei ihm negative Gefühle zu provozieren. Als Folge davon ergreifen sie häufig Partei für einen (meist den sorgeberechtigten) Elternteil. Machen Sie Ihrem Kind klar, dass es sich nicht zwischen Vater und Mutter entscheiden muss.

> **Vermitteln Sie in Krisensituationen Ihrem Kind, dass es sich nicht zwischen Vater und Mutter entscheiden muss.**

– verstehen die unterschiedlichsten Sichtweisen der Eltern und die Gründe der Trennung bereits recht gut. Sie leiden unter den unterschiedlichsten Gefühlslagen der Familienmitglieder und reagieren häufig mit Hoffnungslosigkeit, Trauer und kindlichen Drepressionen. Schulkinder verdecken oft eigene Gefühle mit Ablehnung. Verlangen Sie Ihrem Kind unter keinen Umständen Entscheidungen ab, die einen Elternteil benachteiligen oder ihn aus dem Leben des Kindes ausgrenzen.

– möchten die Trennung der Eltern häufig ungeschehen machen, insbesondere in Fällen, in denen diese relativ friedlich verlaufen ist, und hegen Wiedervereinigungsfantasien. Sie entwickeln häufig körperliche Beschwerden, besonders wenn sie dadurch die Eltern in gemeinsamer Sorge um das Kind wieder an einen Tisch bringen. Reagieren Sie auf die Wiedervereinigungswünsche Ihrer Kinder klar, indem Sie dazu unmissverständlich Stellung beziehen, z. B. „Ich weiß, dass es schwierig ist für dich, dass Papa und ich uns getrennt haben, aber daran wird sich nichts ändern."

Beachten Sie die unterschiedlichen Generationenebenen, in dem Sie klarmachen, dass das die Sache der Erwachsenen ist.

Jüngere Schulkinder

– können zwischen der eigenen Befindlichkeit und der Befindlichkeit der Eltern unterscheiden. Sie wissen, dass ihre Freude, mit einem Elternteil zusammen zu sein, den anderen traurig machen kann. Kinder dieses Alters bemühen sich deshalb durch ihr Verhalten, beide Eltern glücklich zu machen, was eine für sie nicht lösbare Aufgabe ist. Der gefühlsmäßige Zwiespalt zwischen Vater und Mutter gehört mit zu den schlimmsten Erfahrungen.

Zeigen Sie Ihrem Kind, dass es völlig in Ordnung ist, wenn es auch den andern Elternteil gern hat.

— sehen sich nicht mehr als Verursacher der Scheidung. Sie erfahren im Gegenteil, dass sie kaum Möglichkeiten zur Einflussnahme haben, was sich in Trauer, Hoffnungslosigkeit und kindlicher Depression äußern kann. Schulkinder sind aber fähig eigene Bedürfnisse zu formulieren, z. B. den Wunsch, beide Eltern zu sehen.

Ältere Schulkinder

— wissen, dass ihre Gedanken und Gefühle sich von den Gefühlen ihrer Eltern unterscheiden. Kinder möchten aber ähnliche Meinungen, Bewertungen und Gedanken haben wie sie. Sie wollen das Richtige denken und tun. Eltern dienen deshalb als Wegweiser und Ratgeber. Besonders in der Scheidungsphase weichen Eltern jedoch von ihren moralischen Grundsätzen häufig ab und sind schlechte Vorbilder. Die Kinder reagieren eventuell mit Vorhaltungen und einer Art Schiedsrichterrolle. Sie orientieren und verbünden sich mit dem Elternteil, der für sie „recht" hat oder in der Opferrolle ist. Dies kann zu massiven Schuldgefühlen gegenüber dem anderen Elternteil führen. Als Folge der Schuldgefühle reduziert das Kind vielleicht den Kontakt zu diesem Elternteil oder es nimmt an diesem Elternteil die negativen Seiten übertrieben

wahr und kann dadurch die eigene Ablehnung rechtfertigen.

Unterstützt wird dies, wenn Eltern sich auch gegenseitig
negativ darstellen. Wut und Aggression gegen den „ver-
bündeten" Elternteil können die Folge sein, was die
Sicherheit zu beiden Eltern gefährdet. Diese negativen
Einstellungen und Verhaltensweisen werden später vom
Kind auch in anderen Situationen, etwa in der Schule,
mit entsprechend negativen Konsequenzen, angewendet.

Unterstützen Sie Ihr Kind mit Hilflosigkeits- und Verlas-
senheitsgefühlen umzugehen und für Teilbereiche seines
Lebens selbst Verantwortung zu übernehmen. Ermuntern Sie Ihr Kind, Kontakte ausserhalb der Familie aufzunehmen. Dadurch sichern Sie für das Kind und für sich
soziale Unterstützung.

Jugendliche

– haben mehr intellektuelle und soziale Möglichkeiten, mit
der Scheidung umzugehen und schätzen die Ursachen
der Scheidung und ihre eigene Stellung im Familiensys-
tem realistisch ein. Sie sind fähig, aktiv und einfühlsam
an der Gestaltung des zukünftigen Familienlebens mitzu-
wirken.

- reagieren sehr heftig mit Zorn, Trauer, Schmerz, Scham, dem Gefühl verlassen worden zu sein, überstürzten Ablösungsversuchen oder Rückzugstendenzen. Sie sind aber auch in der Lage, durch ihre Außenorientierung Probleme vor den Eltern zu verbergen. Viele Jugendliche haben auch Angst vor Beziehungen und davor, dieselben Fehler wie die Eltern zu begehen oder sie reagieren umgekehrt mit frühen sexuellen Beziehungen: Ermuntern Sie Jugendliche, Fragen zu stellen und geben Sie auf Fragen der Jugendlichen offene Antworten. Sprechen Sie Tabu-Themen an. Durch ehrliche Antworten sichern Sie sich den Respekt Ihrer Kinder und werden von diesen anerkannt. Erklären Sie Ihren eigenen Standpunkt und lassen Sie trotzdem die Sichtweise des Ex-Partners gelten. Jugendliche werden dadurch weniger veranlasst, sich für eine Seite zu entscheiden und erkennen die Tatsache an, dass beide Elternteile die Situation anders einschätzen.

  Jugendliche sind in der Lage, Probleme vor den Eltern zu verbergen.

- sind in stärkerem Ausmaß gefährdet, von ihren Eltern als Trostspender und Stütze „missbraucht" zu werden. Ihr altersgemäßer Ablösungsprozess und die Herausbildung einer eigenständigen Persönlichkeit wird dadurch unterbrochen. Sie vermissen in der Regel die Unterstützung der Eltern, deren Vorbild und eine sichere familiäre

Basis: Vermeiden Sie es, die Jugendlichen als emotionale Stütze zu missbrauchen. Suchen Sie sich erwachsene Freunde und besprechen Sie mit diesen Ihre Situation. Kinder sind nicht das richtige Publikum für Ihre persönlichen Probleme.

Fragen Sie Ihr Kind, wovor es Angst hat, was es braucht und – je nach Alter – wie es die Lösungsvorschläge findet. Aber: „Wünschen ist möglich, entscheiden nicht!" Familientherapeut Thomas Gerling-Nörenberg warnt eindringlich davor, die Kinder über ihre Zukunft entscheiden zu lassen. „Das bringt die Kinder in große Loyalitätskonflikte. Sie können Wünsche äußern, aber nicht die Verantwortung für die Entscheidung übernehmen."

Der Umgang mit dem Verlust

Die Berner Psychotherapeutin Staub sagt: „Wichtig für Eltern ist, sich immer bewusst zu sein, dass Kinder in der Regel ein Zusammenbleiben der Eltern wollen und ihr Verhalten oft auf dieses Ziel hin anpassen. Dadurch vernachlässigen Kinder aber ihre wirklichen Entwicklungsaufgaben, was ungesund ist. Also gilt es, den Kindern Räume zu bieten, wo sie trotz der schwierigen Situation sie selbst sein können." Schaffen Sie „Zeitinseln", in denen Sie sich ausschließlich mit den Kindern beschäftigen oder Zeit-räume, in denen das Kind ausschließlich Kind sein kann, mit anderen Kindern zusammen toben, sein Lieblingsspiel spielen kann, schlicht Zeiten, in denen Ihr Kind sein Verhalten nicht mit dem Verhalten der Eltern abstimmen muss.

Manche Kinder stellen keine Fragen. Aber sie haben welche – dessen können Sie sich sicher sein. Es wird einen Grund geben, warum sie schweigen. Bei kleineren Kindern kann das Anschauen von Bilderbüchern Brücken bauen. Das müssen nicht unbedingt Bücher zum Thema Trennung sein. Das Thema Familie ist gerade in der Kleinkind-Literatur so präsent, da reicht für ein kleines Gespräch sicher schon das Ansehen der aktuellen Lieblingsbücher. Bei den Größeren kann man in einem neutralen Zusammenhang, eher beiläufig, die Sprache auf den Vater oder die Mutter bringen: „In diese Schule dort drüben ist die Mama als Kind gegangen, hat sie dir das erzählt?", „Als Papa damals das Auto gekauft hat …", „Papa hat in dem Alter auch mit dem Fußball spielen angefangen.", „Mama runzelt die Stirn genauso wie du." Das gibt Ihrem Kind ein Zeichen, dass ein Gespräch über den fehlenden Elternteil in Ordnung und kein Tabu ist.

Kinder haben immer Fragen, auch dann, wenn sie keine stellen.

Nicht nur das Sprechen über die Trennung erleichtert dem Kind den Verlust. Auch Erinnerungsstücke an die Zeit vor der Trennung sind wichtig, etwa Fotos.

Mit zunehmenden Alter entwickelt oder verstärkt sich das Mangelgefühl – „in dem Sinne, etwas nicht zu haben, was man braucht, oder bei der Erinnerung an ein Zusammenleben mit beiden Eltern etwas verloren zu haben, was man wiederhaben möchte." Darauf weist die Broschüre „Vergessene Kinder" hin, mit der der VAMV Nordrhein Westfalen auf die Kinder aufmerksam machen will, die keinen Zugang zu einem Elternteil haben.

Die Aussagen einer Präventionsgruppe für Kinder aus Trennungs- und Scheidungsfamilien machen deutlich, wie wichtig die Präsenz des fehlenden Elternteils für die Kinder ist. Auch Kinder, denen der Umgang nicht verwehrt ist, wünschen sich übrigens Ähnliches.

Die Wünsche der Kinder:
- Ein Bild von Papa/Mama kann in meinem Zimmer stehen.
- Wenn es kein Foto gibt, kann Mama/Papa mir eines malen.
- Ich kann Fotos anschauen aus der Zeit, als Mama und Papa sich noch liebten.

– Ich möchte über Papa/Mama sprechen und Fragen stellen können.
– Mama/Papa soll mir abends manchmal vor dem Schlafen etwas erzählen über Papa/Mama, wie es früher war.
– An meinem Geburtstag soll ein Bild von ihm/ihr an meinem Geschenktisch stehen.
– Wenn Papa/Mama Geburtstag hat, soll eine Kerze beim Frühstück brennen.
– Ich kann ein zweites Fotoalbum für sie/ihn machen, wenn das nicht zu teuer ist. Das kann ich dann zeigen, wenn wir uns später doch mal sehen.

Erziehung – wichtiger denn je

„Die Erziehungsqualitäten und Verhaltensweisen von Alleinerziehenden spielen eine besonders wichtige Rolle, denn wenn sie sich verschlechtern, ist kein anderer Elternteil vorhanden, der das Kind vor dem täglichen Kleinkrieg mit einer unfähigen Mutter oder einem unfähigen Vater abschirmen kann." Die Deutlichkeit der amerikanischen Psychologie-Professorin E. Mavis Hetherington lässt einen erstmal schlucken. „Unfähig" ist ein hartes Urteil, es reicht schon, sich „überfordert" zu fühlen.

Die Vielfachbelastung eines allein erziehenden Elternteils verbraucht verlässlich auch das letzte Depot an Kraft und Energie, so dass nur wenig Zeit, Geduld und Konsequenz für die Kinder übrig bleibt. „Verlust von Erziehungskompetenz" nennt das die Wissenschaft.

Auch aus schlechtem Gewissen oder Mitgefühl lassen viele Eltern gerade im ersten Jahr nach der Trennung erziehungstechnisch „fünf gerade sein". Dem Kind soll nach der schrecklichen Erfahrung der Trennung nicht noch mehr Unerfreuliches aufgebürdet werden. Diesen Kindern mangelt es nicht an Fürsorge, aber durchaus an Grenzen.

Grenzen setzen und Disziplin einfordern

Die Tatsache, nun allein vieles regeln zu müssen, verstärkt den psychischen Druck der betreuenden Mütter und Väter. In vielen Lebensbereichen des Kindes erhöht sich die Erwartungshaltung an sie selbst – oft unbewusst. Das betrifft die Ernährung des Kindes, seine Freizeitgestaltung, seine Kleidung, die ihm zugemuteten Konflikte. Bestens soll es versorgt sein, nicht noch zusätzliche Probleme aufgehalst bekommen. Das ist an sich gut gemeint, doch nur dank übermenschlicher Fähigkeiten durchzuhalten und auch für das Kind nicht empfehlenswert. Es muss lernen, auch mit den negativen Seiten des Lebens zurechtzukommen. Die

Last der Trennung lässt sich nicht durch „Entlastung" in anderen Lebensbereichen kompensieren.

Der amerikanische Kinderarzt T. Terry Brazelton und der Kinderpsychiater Stanly Greenspan unterscheiden sieben Grundbedürfnisse der Kinder. Dazu zählt das Bedürfnis nach beständigen liebevollen Beziehungen, nach körperlicher Unversehrtheit und Sicherheit, nach individuellen Erfahrungen, nach entwicklungsgerechten Erfahrungen, nach Grenzen und Strukturen sowie nach stabilen und unterstützenden Gemeinschaften. Das bedeutet auf die Erfahrung einer Trennung bezogen, dass zu dem Leben Ihres Kindes auch schlechte Erlebnisse gehören und damit der unangenehme Prozess, diese verkraften zu lernen. Wenn Sie in bester Absicht, Ihr Kind zu unterstützen, alle Hindernisse aus dem Weg räumen, unterschätzen Sie die Fähigkeit Ihres Kindes, sie selbst überwin-

Kinder sind auf Grenzen und Strukturen angewiesen.

den zu können. Experten zufolge schützt vor allem eine „autoritative" Erziehung Kinder nach einer Trennung vor Beeinträchtigungen. Das hat mit einer autoritären Erziehung, die auf Strenge und Strafen setzt, nichts zu tun.

Unter autoritativ versteht man einen warmen, fairen, auf Einfühlungsvermögen gründenden Stil, der aber auch Grenzen setzt und Disziplin fordert. Die Eltern haben hohe Erwartungen an das Verhalten ihrer Kinder, sie setzen klare Standards und Regeln und achten auch auf deren Einhaltung. Generell herrscht eine offene Kommunikation, wobei der kindliche Standpunkt geachtet, der eigene aber auch vertreten wird. Eine autoritative Erziehung macht Eltern verlässlich und diese Berechenbarkeit beruhigt ungemein in einer turbulenten Zeit. Sie schützt laut Mavis Hetherington, da das gegenseitige Vertrauen und Respekt voreinander gefördert wird. Das Kind bleibt damit zugänglich für Ratschläge und Mahnungen der Eltern.

Der Faktor Zeit

Die Trennung bekommt mit zunehmendem Alter Ihres Kindes eine andere Dimension.

Mit dem Eintritt in den Kindergarten beispielsweise wächst die Möglichkeit, andere Familienformen kennen zu lernen – und zu vergleichen. Spätestens dann müssen Sie mit Fragen rechnen – und vielleicht wird Ihnen erst dann bewusst, dass Sie bisher mit Ihrem Kind absichtlich oder unbewusst kaum über die Trennung gesprochen haben. Kinder

Kümmert sich ein Elternteil liebevoll um das Kind, überwindet es die Trennung meist nach sechs Jahren.

müssen das Verlustgefühl immer wieder neu bewältigen, besonders in Umbruchssituationen: bei der Einschulung, der Pubertät und auch noch im Erwachsenenalter, bei der Hochzeit und der Geburt der eigenen Kinder.

Amerikanischen und europäischen Studien zu Folge dauert es etwa zwei Jahre, dann haben die meisten Kinder ihr Gleichgewicht wieder gefunden. Sechs Jahre nach der Trennung kommen die meisten in ihrem Leben gut zurecht. Voraussetzung dafür: Zumindest ein Elternteil hatte sich um diese Kinder fürsorglich gekümmert. Aber: Nicht jedem Kind gelingt die Anpassung gleich „gut", so Liselotte Staub: Sein Charakter, seine Persönlichkeit, seine Stärken und Schwächen und die konkrete Situation daheim bestimmen, wie es die Trennung seiner Eltern verarbeitet.

Kinder müssen das Verlustgefühl immer neu bewältigen.

Das eine Kind kommt recht schnell und einfach zurecht, während Geschwister mit „derselben" Situation große Mühe haben und massive Reaktionen zeigen. Und nicht immer verläuft die Bewältigung der elterlichen Trennung gradlinig, sagt die Münchner Professorin Sabine Walper.

Ein Kind, das beispielsweise zunächst den fehlenden Kontakt zum getrennt lebenden Elternteil akzeptiert hat, kann im Jugendalter ganz anders darüber denken, auch weil es die Aufgaben und Handlungsspielräume der Eltern neu einschätzt und sich entsprechend neue Erklärungen für den fehlenden Kontakt zurechtlegt. Insofern heilt die Zeit keineswegs alle Wunden. Wichtig sind in jedem Entwicklungsabschnitt der Rückhalt der Eltern und deren einfühlsamer Blick auf die Bedürfnisse der Kinder.

Grundregeln und Tabus im Erziehungsalltag

(von *Liselotte Staub*)

– Überlegen Sie sich in Ruhe, wo und wann Sie Ihren Kindern „nein" sagen. Versuchen Sie gegenüber Ihren Kindern bei Ihrer Entscheidung zu bleiben.

– Versuchen Sie, auch wenn Sie unter starkem Druck stehen, ruhig und vernünftig auf die Ungezogenheiten Ihrer Kinder zu reagieren.

– Wenn Sie müde oder gestresst sind, geben Sie es sich selbst und den Kindern gegenüber zu. Versuchen Sie trotzdem, Ihre Erziehungsprinzipien so weit wie möglich einzuhalten.

– Versuchen Sie, bevor die Belastung Sie an Ihre psychischen und physischen Grenzen bringt, Hilfe anderer anzunehmen.

- Versuchen Sie ein stabiles Zuhause für Ihre Kinder zu schaffen, in dem für regelmäßige Essens- und Schlafenszeiten gesorgt ist und in dem Regeln gelten, die Ihre Kinder kennen und verstehen.
- Versuchen Sie ein behagliches und einladendes Zuhause zu gestalten, in dem sich alle Familienmitglieder wohl fühlen.
- Arbeiten Sie in Erziehungsfragen, wann immer möglich, mit Ihrem früheren Partner zusammen.
- Sabotieren und kritisieren Sie niemals die Disziplinierungsmaßnahmen Ihres früheren Partners, wenn diese nicht grob gegen alle erzieherischen Regeln verstoßen. Helfen Sie Ihrem Kind vielmehr im Umgang mit verschiedenen Erziehungsstilen flexibel zu werden.
- Sagen Sie niemals im Ärger zu einem ungezogenen Kind „Du bist genau wie deine Mutter oder wie dein Vater" oder dergleichen. Das Kind weiß, dass die Eltern sich nicht mehr mögen und dass mit einer solchen Kritik auch es selbst abgewertet wird. Bei jüngeren Kindern können solche Bemerkungen Verlassenheitsängste hervorrufen.
- Bestrafen Sie die Kinder nie damit, dass Sie einen Besuch bei Ihrem zweiten Elternteil oder anderen nahen Verwandten, etwa den Großeltern, streichen.

- Geben Sie Ihre Verantwortung dafür, Ihr Kind zu erziehen, nicht an andere Menschen ab, auch nicht an ältere Geschwister.
- Da sich im Alltag schwierige Situationen und Probleme oft nicht vermeiden lassen, sind die guten Momente zwischen Eltern und Kindern besonders wichtig. Versuchen Sie deshalb aktiv, auch für positive und gute Erlebnisse im Alltag zu sorgen.

Im Alltag auf sich gestellt

„Ob die Risiken gemindert und die Chancen einer Scheidung für das Kind genutzt werden können, hängt vor allem davon ab, wie die Eltern ihre Rolle wahrnehmen und im Interesse des Kindes zusammenarbeiten. Die Gestaltung des Umgangs steht hierbei im Mittelpunkt." Dieser nüchterne Satz aus „Wegweiser für den Umgang nach Trennung und Scheidung" verdeutlicht, wie entscheidend der Umgang miteinander für die Entwicklung Ihres Kindes ist.

Sorgerecht – Umgangsrecht

Das Umgangsrecht der Eltern besteht unabhängig vom Sorgerecht. Seit Inkrafttreten der Kindschaftsreform am 1. Juli 1998 sieht das Gesetz bei einer Trennung im Regelfall ein gemeinsames Sorgerecht vor. Nur in Ausnahmefällen sprechen die Gerichte heutzutage einem Elternteil das alleinige Sorgerecht zu.

Vor der Reform musste ein gemeinsames Sorgerecht beantragt werden. Erst seit 1998 ist es außerdem unverheirateten Vätern möglich, gemeinsam mit den Müttern ein Sorgerecht für ihr Kind erhalten – vorausgesetzt, die Mutter stimmt zu.

||| **Auf einem schmalen Grat**

„Meine frühere Frau und ich haben es zwischen den Anwalt-
schreiben aber doch immer wieder geschafft, eine vernünftige
Basis zu finden, und ich habe in dieser Zeit meine Tochter häufig
an den Wochenenden und in den Ferien gesehen. Richtig problematisch wurde es, als die neue Beziehung meiner Ex-Frau sich zu
verfestigen begann. Das war der Zeitpunkt, als meine Jessica in
den Kindergarten kam. Ich durfte sie auf einmal nicht mehr in den
Kindergarten bringen, mit der Begründung, ich hätte ja eh kein
Sorgerecht. Ich bin ja noch einer der „Altfälle" vor 1998. Damals
war das gemeinsame Sorgerecht noch nicht der Regelfall wie
heute, und ich glaube, meine ehemalige Frau wollte mich aus
ihrem Leben weitgehend raushalten; ich sollte als Vater nicht
nach außen in Erscheinung treten. Unser Streit ging dann bis vors
Oberlandesgericht. Dies hat aber unter dem Strich nichts außer
Stress gebracht. Wir haben nicht viel geschafft, aber wir haben
es geschafft, unsere Tochter aus unserem Ärger weitgehend
rauszuhalten. Heute kommen meine Ex-Frau und ich geschäfts-
mäßig ganz gut zurecht. Nur in stressigen Phasen, wenn wir an
den Wochenenden beispielsweise beide Pläne mit Jessica haben,
merkt man, dass wir auf einem schmalen Grat wandern. Ich
versuche mir in angespannten Situationen Kommentare zu sparen
und gebe auch oft nach. In stillen Stunden bin ich schon manchmal frustriert, weil ich bei vielen Themen, besonders bei schulischen Belangen, außen vor gelassen werde." *Andreas, 45 Jahre*

Beim gemeinsamen Sorgerecht entscheiden beide Eltern gleichrangig. Das Gesetz unterscheidet zwischen drei Bereichen von Entscheidungen:

- Angelegenheiten des täglichen Lebens, das sind z. B. die Organisation des täglichen Lebens des Kindes, Freizeitgestaltung, Kleidung, Hausaufgaben und normale Arztbesuche. Hier kann jeder einzeln entscheiden, ohne sich mit dem anderen Elternteil vorher beraten zu haben oder sich einigen zu müssen.
- Angelegenheiten von erheblicher Bedeutung, das sind z. B. Aufenthalt des Kindes, Kindesunterhalt, Kindergarten/Schulwahl, Berufswahl/Ausbildung, Operation. Hier müssen Sie sich einigen, es sei denn, es ist Gefahr im Verzug, wie etwa bei einer Notoperation.
- Angelegenheiten der tatsächlichen Betreuung, das sind z. B. Ernährung, Schlafenszeiten. Hier entscheidet während des Aufenthalts des Kindes der umgangsberechtigte Elternteil.

Das heißt: Bei einem gemeinsamen Sorgerecht dürfen Sie alle Angelegenheiten des täglichen Lebens selbst entscheiden, ohne Ihren (Ex-)Partner fragen zu müssen. Nur bei den wirklich wichtigen Entscheidungen müssen Sie sich einigen. Das Sorgerecht regelt also nur einen geringen Teil Ihrer Beziehung mit Kind und Ex-Partner. Das macht das Umgangsrecht so wichtig.

Der regelmäßige Kontakt zum ausgezogenen Elternteil ist für das Wohl des Kindes wichtig.

Unabhängig vom Sorgerecht der Eltern besteht das Umgangsrecht. Ihr Kind hat einen Anspruch auf den Umgang mit beiden Elternteilen – und das ist ein Anspruch, der sich keineswegs nach eigenem Gutdünken handhaben lässt. Kein Elternteil kann auf die Ausübung dieses Rechts verzichten. Das Bürgerliche Gesetzbuch § 1684, Absatz 1, formuliert: „Das Kind hat ein Recht auf Umgang mit jedem Elternteil; jeder Elternteil hat die Pflicht und das Recht auf Umgang mit dem Kind." Im folgenden Absatz findet sich die so genannte Wohlverhaltensklausel, nach der beide Elternteile „alles zu unterlassen (haben), was das Verhältnis des Kindes zum jeweils anderen Elternteil beeinträchtigt oder die Erziehung erschwert."

Es gibt inzwischen erste Urteile, wonach ein gleichgültiger Elternteil zum Umgang mit dem Kind gezwungen werden kann.

Jenseits der rechtlichen Situation und der weiter oben genannten Erkenntnisse liefern sich bundesweit tausende von Eltern immer wieder Kleinkriege um die Gestaltung des Umgangs. Die Folgen für die Leidtragenden werden nicht nur in den Gesprächen bei Beratungsstellen und Therapeuten deutlich.

Vereinbarungen – was sein muss

Das Feld der Klagen reicht von Unpünktlichkeit, nicht ein-
gehaltenen Absprachen, kurzfristigen Absagen, über zu
wenig Rücksichtnahme auf den Alltagsrhythmus und die
Freizeitbedürfnisse des Kindes, unterschiedliche Gewich-
tung von Erziehungszielen bis hin zum angemessenen
Umgang mit einer neuen Partnerschaft. Beratungsstellen,
wie beispielsweise die Münchner Beratungsstelle „TuSch –
Trennung und Scheidung – Frauen für Frauen e.V." haben
eine so genannte Elternvereinbarung zur Wahrnehmung
der gemeinsamen elterlichen Sorge erarbeitet. Ein Blick auf
folgende Checkliste zeigt, was geregelt werden kann:

– Der Umgang an den Wochenenden und innerhalb der
  Woche.
– Die Orte der Umgangskontakte: besonders Babys und
  Kleinkinder oder Kinder, die den umgangsberechtigten
  Elternteil nur sehr selten gesehen haben, sollten die ers-
  ten Besuche in vertrauter Umgebung erleben.
– Der Umgang mit anderen Bezugspersonen (wer und
  wann).
– Die Handhabung besonderer Ereignisse und Festtage:
  Wer holt und bringt das Kind? Wie teilt man die Kosten
  für Geburtstage, Einschulung, Kommunion etc.?
– Der Umgang in den Ferien.

- Wer übernimmt den Transfer zwischen den Elternteilen? Wer bringt, wer holt die Kinder?
- Besondere Aktivitäten und Hobbys der Kinder, wie etwa Wettkampfsportarten, erfordern auch von Eltern mehr Einsatz.
- Gemeinsame Erziehungsziele – wie etwa: Wo liegen die Grenzen des Fernseh- und Computerspiel-Bedarfs?
- Ein „regelmäßiger" Umgangs-TÜV, ein Gespräch über die Erfahrungen in der Praxis: Funktionieren die Regelungen, was ist ärgerlich, vermeidbar?

Kaum jemand hält diese Details in der ersten Zeit für niederschreibenswert. Zum einen fehlt in der akuten Phase die dafür notwendige Ruhe und Sachlichkeit. Zum anderen zieht eine Trennung soviel Regulierungsbedarf nach sich, dass den meisten die Luft ausgeht und sie auf eventuell vorhandene Restvernunft, günstige Sternenkonstellation und ähnliches vertrauen, nach dem

Klare Absprachen sind nötig, damit die Elternteile sich nicht bis aufs Messer bekriegen.

Motto: „Das spielt sich schon ein", „lass uns das dann doch spontan regeln!" Doch besonders in dieser akuten Phase helfen klare Absprachen, sich nicht auch noch wegen Details bis aufs Messer zu bekriegen. Beratungsstellen sorgen durch die neutrale moderierende dritte Person für die notwendige sachliche oder zumindest eine gemäßigte Atmosphäre.

Was ist gut für das Kind?

Für die Trennung gibt es kein Vorbild-Modell für Mutter und Vater. Der wichtigste Orientierungspunkt ist an erster Stelle die Frage. „Was ist gut für das Kind?" Dazu zählt in jedem Fall in seiner Gegenwart auch ein respektvolles Verhalten gegenüber dem Ex-Partner.

||| Zur Parteinahme gedrängt

„Mein Vater hat sehr schlecht über meine Mutter geredet und meine Schwester ebenso und das hat viele Jahre angehalten. Ich habe noch sehr an meiner Mutter gehangen, habe mich aber nicht getraut, dagegenzuhalten. So stillschweigend wurde ich auch immer zu Parteinahme gegen sie gedrängt."   *Sabine, 39 Jahre*

Eine weitere wichtige Frage ist natürlich auch: „Ist die Situation für mich vertretbar?" Edith Weiser, Geschäftsführerin vom VAMV-Verband Nordrhein-Westfalen, erlebt immer wieder, dass vielen Vätern der nun sporadische Umgang, das immer wieder schmerzende Zurücklassen des Kindes und dessen Traurigkeit zu viel wurde. „Wir Erwachsenen haben das auszuhalten. Zu ‚kneifen' ist eine verständliche Reaktion, aber keine Lösung und würde bedeuten, das Kind allein zu lassen." Die Traurigkeit bleibt für viele Jahre. Es ist für alle Beteiligten ein mühsamer Prozess, sich in den neuen Alltag einzufinden.

Der Elternteil, der getrennt von seinen Kinder lebt, und das ist nach wie vor in der Regel der Vater, ist gerade bei den ersten Besuchen meist sehr unsicher: Wie wird das Kind reagieren, werden wir die kurze Zeit „effektiv" nutzen können? „Man braucht viel Zeit zum gegenseitigen ‚Ankommen'", sagt Edmund Faust. Der Facharzt für Psychosomatische Medizin leitet bei der Vätergruppe Kassel die „Initiative Begleiteter Umgang". „Aber man erlebt auch gemeinsam eine intensivere Zeit, als wenn der andere Elternteil dabei ist."

> **Die Zeit mit dem Kind ist intensiver, wenn der andere Elternteil nicht dabei ist.**

||| Belastung für die Kinder

„Am Anfang waren die Kinder jedes Wochenende bei ihrem Vater und zusätzlich kam an einem Abend nach der Arbeit noch für zwei Stunden vorbei. Die Kinder haben sich gefreut. Doch sie waren damals erst zwei und drei Jahre und damit schon müde zu dem Zeitpunkt. Sein kurzes Vorbeischauen hat sie eher verwirrt und ihn hat ihre Reaktion und der schnelle Abschied sehr belastet."

Alexandra, 34 Jahre

Um die anfängliche Unsicherheit abzufedern, entscheiden sich viele für ein Programm: gehen ins Schwimmbad, ins Kino, besuchen die Oma. Das erleichtert sicher den Anfang. Doch für die weitere Gestaltung der Papa-Tage oder Wochenenden rät Edmund Faust, sich folgende Fragen zu stellen: Was tut mir und dem Kind/den Kindern gut? Wie findet es Spielkameraden oder welche Kontakte möchte es pflegen? Welche Interessen beobachte ich bei meinen Kindern und wie kann ich sie mit meinem Leben und meinem Alltag verbinden? Sie müssen keine großen Ereignisse bieten und können das vielleicht ja auch gar nicht. Kicken im Park ist wunderbar!

Altersentsprechender Umgang

Die Trennung hat je nach Alter der Kinder eine ganz unterschiedliche Dimension (siehe Seite 36 f.). Das müssen Sie bei der Gestaltung des Umgangs berücksichtigen. Auch die Entfernung spielt bei den Umgangsregelungen natürlich eine Rolle – bei einer Distanz von mehr als 100 Kilometern sind die Möglichkeiten schon sehr eingeschränkt. Liselotte Staub hat konkrete Empfehlungen für den Alltag:

Vorschulkinder

Für Zeit und Entfernungen haben Kinder unter drei Jahren noch kein Gefühl und keine Vorstellung: Achten Sie darauf, dass die Trennungen zum abwesenden Elternteil nicht länger als eine Woche dauern. Erleichtern Sie Ihrem Kind durch das Mitnehmen vertrauter Gegenstände, z. B. Bettzeug oder Spielzeug den Wechsel zwischen den Eltern. Geben Sie Ihrem Kind die Möglichkeit, häufig auch mit dem abwesenden Elternteil zusammen zu sein und mit ihm Dinge von früher zu tun, z. B. zusammen spielen.

Schulkinder

Ermuntern Sie Ihr Kind, zum andern Elternteil Kontakt zu pflegen, etwa zu telefonieren, E-Mails zu schicken, Briefe zu schreiben und gemeinsam für den abwesenden Elternteil Karten auszusuchen und zu senden. Gehen Sie auf Wünsche Ihrer Kinder ein, weiterhin beide Eltern zu sehen. Setzen Sie diese auch um. Kinder fühlen sich dann weniger ausgeliefert und hoffnungslos.

Jugendliche

Je älter die Kinder werden, desto mehr wollen sie mitreden bei der Gestaltung des Umgangs. Denn etwa ab zwölf Jahren werden die Freunde zunehmend wichtiger und die Eltern „unwichtiger". Andererseits wollen Kinder keinen geliebten Menschen enttäuschen. So ist jedes Wochenende rasch verplant und es bleibt kein Platz mehr für Spontaneität. Gleichzeitig ist es wichtig, dass die Entscheidung darüber, ob das Kind den Vater besuchen soll oder nicht, niemals dem Kind überlassen wird und auch Jugendliche darauf hingewiesen werden, dass dies keine Diskussionsfrage ist.

Umgangs-Probleme und wie man damit umgeht

Reden, reden, reden! Reden Sie miteinander. „Der ‚runde Familientisch' hält zusammen. Je älter die Kinder werden, umso mehr müssen die Absprachen aller Beteiligten – also auch die mit den außen stehenden Elternteile – gepflegt werden, ansonsten gibt es häufig ‚Beziehungschaos'", empfiehlt Familientherapeut Gerling-Nörenberg. Aber reden Sie erst, wenn der erste Ärger verraucht ist.

Machen Sie Ihrem Ärger keine Luft, wenn Sie das Kind vom Ex-Partner abholen.

Er oder sie hält sich nicht an die Absprachen? Beißen Sie bei der Übergabe der Kinder die Zähne zusammen und machen Sie ihnen gegenüber Ihrem Ärger nicht Luft. „Es gibt ja das Sprichwort, man soll das Eisen schmieden, solange es heiß ist", sagt Edith Weiser vom VAMV Nordrhein-Westfalen. „Bei Trennungskonflikten gilt jedoch genau das Gegenteil."

Versuchen Sie also Ihre Kritik später per E-Mail oder am Telefon oder bei anderer Gelegenheit unter vier Augen zu formulieren. Beherzigen Sie die wichtigsten allgemeinen Kommunikationsregeln und üben Sie diese notfalls vorher. Schließlich wollen Sie ja etwas erreichen.

Regeln fürs Reden:
- Vermeiden Sie Vorwürfe und schildern Sie einfach, womit Sie sich unwohl fühlen.
- Bleiben Sie bei der Ich-Perspektive und damit bei Ihren eigenen Gefühlen. Du-Sätze werden meist als Angriff verstanden (und sind in der Regel so gemeint.) Und das beschert Ihnen fruchtlose Gegenattacken.
- Bleiben Sie beim Thema: bei der konkreten Situation, beim konkreten Verhalten. Das ist verständlicher und bei „nie" und „immer" werden Ihrem Ex-Partner wahrscheinlich sofort Gegenbeispiele einfallen. Das Aufwärmen von alten Problemen führt nur zu neuem Streit.

Edith Weiser rät im Übrigen auch bei zufriedenstellenden Modellen nicht die Kommunikation zu vernachlässigen. „Gerade auch da, wo es ganz gut läuft, muss eine Form gefunden werden, immer mal wieder über den Umgang mit den Trennungsfolgen ins Gespräch zu kommen."

Bleiben Sie ehrlich!

Ein Kind erwartet von seinen Eltern Ehrlichkeit, daran werden Sie noch Jahre später gemessen. Versprechen Sie nichts, was Sie nicht halten können. Eine Trennung bringt so viele Veränderungen und Belastungen mit sich, dass Sie Ihre zeitlichen und finanziellen Einschränkungen kaum abschätzen können – geschweige denn diese Ihres Ex-Partners. So viel Verständnis Sie auch für den Wunsch Ihrer Kinder nach Versöhnung haben – seien Sie aufrichtig. „Kinder haben lange Zeit Wiederversöhnungsfantasien. Und die sind in Beziehungen, wo die Eltern vernünftig miteinander umgehen, noch viel größer", sagt Edith Weiser vom VAMV Nordrhein-Westfalen. Es tut weh, diese Hoffnung immer wieder zerstören zu müssen. Es ist wichtig, Verständnis für die Wünsche der Kinder zu zeigen, aber dennoch klar Stellung zu beziehen.

Das Verhalten Ihres Ex-Partners sollten Sie nicht beschönigen. „Viele Frauen entschuldigen das Fernbleiben der Väter, um den Kindern Schmerz zu ersparen", stellen die Beraterinnen von „TuSch – Trennung und Scheidung – Frauen für Frauen e.V." immer wieder fest. „Für die Kinder ist es aber wichtig, Mutter und Vater mit realistischen Augen zu sehen."

||| **Klar Stellung beziehen**

„In Berlin waren die Grenzen nicht mehr so klar, weil wir plötzlich wieder an den Wochenenden eine ‚Familie' waren, da mein Mann bei uns schlief. Das hieß für die Kinder, Papa ist da, Mama auch, sie verstehen sich gut, unternehmen gemeinsam Dinge, lachen gemeinsam – und dann packt Papa wieder seinen Koffer, Mama ist traurig. Lisa hat damals sogar versucht durchzusetzen, dass wir beim Spazierengehen alle Händchenhalten. Das war für die Kinder ziemlich verwirrend, vor allem für die Ältere, die dann auch plötzlich schwierig wurde. Als sie dann auch anfing ihre Koffer zu packen, suchte ich die Familienberatung auf. Dort hat man mir geraten, mich stärker abzugrenzen – auch wenn beispielsweise der Vater in der Wohnung ist. Wir haben dann auch nichts mehr miteinander unternommen, um zu zeigen, es ist vorbei."

Christine, 47 Jahre

Reagieren Sie flexibel!

Bei aller Ehrlichkeit dem Kind gegenüber: Stellen Sie sich samt Ihrer Planung auf Änderungen und Enttäuschungen ein.

||| **Alternativ-Programm planen**

„Eine Zeit lang hat er auch ziemlich kurzfristig seine Wochenenden mit Moritz abgesagt. Ich habe deshalb vorsorglich immer ein Alternativ-Programm geplant – entweder Moritz und ich haben was unternommen oder Moritz war bei meinen Eltern. Das war für die Gesamtstimmung am Wochenende sehr wichtig. Denn natürlich war Moritz enttäuscht, aber er hat es an sich hingenommen, dass sein Vater keine Zeit hatte. Inzwischen fordert er diese Zeit mit seinem Vater aber durchaus ein und wenn wieder ein Treffen zu scheitern droht, fragt er nach den Gründen und drängt nach Ersatz. Und das klappt dann auch oft."
Heike, 33 Jahre

Auch wenn sich Regelungen als nicht mehr altersgemäß und tragfähig entpuppen, bleibt nichts anderes übrig, als sie zu ändern. Doch verändern Sie nichts ad hoc und nur in Absprache. Diese Zeit der Suche nach sich selbst, nach einem neuen Rhythmus und einem zu bewältigenden Alltag verlaufen für jeden Partner anders. Die Belastungen sind unterschiedlich, die Trauerphasen verlaufen individuell. Deshalb ist es sehr wichtig, für die Elternbeziehung eine gemeinsame und sachliche Gesprächsebene zu finden, um sich immer wieder die Interessen des Kindes zu vergegenwärtigen und im Idealfall auch die eigene Situation berücksichtigt zu finden.

||| **Die eigenen Gefühle berücksichtigen**

„Am Wochenende habe ich regelmäßig meine Pariser Wohnung geräumt, damit die Kinder mit Papa in ihrer gewohnten Umgebung bleiben konnten. Das würde ich heute nicht mehr machen, da ich die Wochenenden entweder in seiner neuen Wohnung verbrachte oder bei Freunden und mich dabei irgendwie verloren fühlte. Wir haben es dann auch irgendwann gelassen, weil die es ganz toll fanden, beim Papa zu übernachten, in dessen Bett unterm Dach man auf allen vieren kriechen musste. Es war wichtig, dass mein Ex-Mann Rücksicht auf meine Gefühle genommen hat, z. B., dass seine Freundin etwa auch nicht bei seinen Papa-Wochenenden dabei war und anfangs nicht mit ihm und den Kindern in den Urlaub gefahren ist."

Christine, 47 Jahre

Grenzen setzen

Eltern müssen erst lernen zu unterscheiden, was will ich und was will das Kind. Am Anfang fehlt vielen dieses Abstraktionsvermögen und damit das Verständnis für die Konsequenzen ihres Handelns – wenn ich dem Partner das

Leben schwer mache, dann mache ich auch dem Kind das Leben schwer! Wenn sich der Vater beispielsweise nicht an die vereinbarten Zeiten hält und öfter mal spontan vorbeischaut, dann freut sich zwar das Kind.

Doch dieses Verhalten kann belastend sein: Der Alltagsrhythmus kommt immer wieder durcheinander und damit weder Mutter noch Kind zur Ruhe. Grenzen zu setzen erfordert Selbstbewusstsein und zu dieser Stärke vielleicht manchmal erst ein einschneidendes Erlebnis.

||| Sagen, was man fühlt und denkt

„Franz hat mir ganz klar gesagt, dass er das Kind nicht will. Er wollte auch das Sorgerecht nicht. In den ersten Jahren hat er Luisa nur in meiner Wohnung besucht. Er hat sie nie mitgenommen, weder zu sich nach Hause noch auf Spielplätze oder zu Freunden. Er war also immer in meinem Privatbereich. Wenn ich seine Vorstellungen damals nicht akzeptiert hätte, hätte er heute keinen Kontakt mehr zu Luisa. Er hat mir dann beim Umzug geholfen und blieb mit einer von meinen Freundinnen abends als Dank dafür zum Essen. Ich bin früh ins Bett gegangen und am nächsten Morgen habe ich die beiden miteinander auf dem Sofa erwischt. Ich war wie betäubt.

Aber erst Freunde, bei denen ich mich an diesem Tag ausgeheult hab, haben mir klar gemacht, dass das, was da gelaufen ist, nicht in Ordnung war. Er hat mir immer das Gefühl gegeben, ich bin an allem irgendwie schuld. Ein Freund hat zu mir gesagt ‚Wach endlich auf!' Ab da habe ich klareGrenzen gesetzt und zu Franz gesagt: ‚Entweder du siehst Luisa jetztregelmäßig und zwar bei dir oder gar nicht mehr. In meine Wohnung kommst du nicht mehr!' Ich dachte eigentlich, dass er den Kontakt dann einstellt. Aber er hat sich zähneknirschend gefügt. Und das war für alle drei Seiten positiv." *Anke, 41 Jahre*

Druck rausnehmen

Die Erziehung ist oft Anlass für Streit zwischen den Ex-Partnern. Unterschiedliche Ernährungsweise und abweichendes Freizeitverhalten sorgen für den meisten Zündstoff. Nun hat in den Dingen des täglichen Lebens der Elternteil die Entscheidung, bei dem sich das Kind gerade aufhält. Während Kinder erstaunlich gut in den zwei verschiedenen Welten mit ihren unterschiedlichen Abläufen und Regeln leben, verursachen Unterschiede in der Lebensweise vor allem den Müttern Stress. „Vielen Müttern fällt es schwer, Vätern ihren eigenen Erziehungsstil zu lassen", sagt Edith Weiser vom VAMV Nordrhein-Westfalen.

Schauen Sie genau hin und überlegen Sie ehrlich: Wie viel Schaden fügt das von Ihnen beanstandete Verhalten des Ex-Partners Ihrem Kind zu? Steckt ein anderer Grund hinter dieser Auseinandersetzung? Damit sollen weder die Bedeutung gesunder Ernährung noch einer sinnvollen Freizeitbeschäftigung heruntergespielt werden. Wenn Sie ernste Bedenken haben, beispielsweise wegen Allergien, müssen Sie darüber sprechen. Doch nicht selten erschweren die eigenen hohen Ansprüche den Müttern die Akzeptanz eines anderen Erziehungsstils. In der Münchner Frauenberatungsstelle „TuSch – Trennung und Scheidung e.V." versucht man die Mütter zu entlasten und sie zu ermuntern, „auch mal ein Auge zuzudrücken": Nudeln mit Ketchup sind sicher keine kulinarische Bereicherung, aber sie schaden nicht. Und auch zweimal Tiefkühl-Pizza hintereinander ist kein Beinbruch. Immer eine DVD am Papa-Wochenende ausleihen, mag Ihnen langweilig und wenig kommunikativ erscheinen, lässt sich aber durchaus verkraften.

Konflikte über die Erziehung des Kindes, die schon in der Partnerschaft bestanden haben, werden nach der Trennung weiter bestehen oder sich verschärfen. Für die Fähigkeit eines Kindes, sich zu orientieren und zu urteilen, ist aber die eigene Wahrnehmung wichtig. Die Kinder brauchen die Idee – ich habe zwei Elternteile, die machen es anders, nicht richtig oder falsch. Es ist die Aufgabe der Eltern, das Kind zu stärken, damit es mit dieser Ambivalenz umgehen kann. Auch kleine Aktionen können zusätzlich Druck rausnehmen.

||| **Nicht einmischen**

„Ich habe Anna schon zu dem Zeitpunkt, als ich mich von ihrem Papa getrennt habe (da war sie drei), gesagt, dass ihr Papa immer ihr Papa bleiben wird. Ich habe bewusst (auch später) darauf geachtet, ihn nicht als den ‚Bösen‘ hinzustellen und habe auch nicht versucht, einen Keil zwischen sie und ihren Vater zu treiben mit dem Ziel, dass sie Max ‚mehr liebt‘. Ihr Vater hat damals ja noch zwei Straßen weiter gewohnt und ich habe den Kontakt zu ihm und Annas Kontakt zu ihm immer gefördert – weil ich es auch so wollte – und Anna natürlich auch. So wurde sie jedes zweite Wochenende am Freitagnachmittag von ihrem Vater aus dem Kindergarten abgeholt und erst am Montagmorgen wieder dorthin gebracht. Das klappte auch zuverlässig. Was an diesem Wochenende beim Papa ‚passierte‘, hat mich zwar interessiert, ich habe mich aber nicht eingemischt (Stichworte: Essen, Ordnung, Freizeitgestaltung, Schlafenszeiten und so Sachen) – obwohl einiges anders war als bei mir. Ich habe ihr immer versucht zu vermitteln, dass diese Familienverhältnisse (Vater wohnt in einer anderen Wohnung und zu Hause ist auch manchmal noch ein Mann ...) alles ganz normal ist und kein großes Aufhebens drum gemacht.

Martina, 39 Jahre

„Treffen Sie auch in Details klare Absprachen und halten Sie sie ein, selbst wenn es der andere nicht tut", rät Edmund Faust von der Vätergruppe Kassel. „Sehen Sie nicht jedes Missverständnis als eine Provokation an und reagieren Sie entsprechend. Zeigen Sie, dass Sie die Interessen des anderen Elternteils wahrnehmen und achten und reden Sie auch darüber mit dem anderen. Besprechen Sie mit Freunden, wie diese mit schwierigen Situationen umgehen würden."

Umgang heißt auch darüber reden

Jenseits der Formalien ist es wichtig, die zwei neuen getrennten Lebensbereiche von Vater und Mutter zumindest mit Worten zu verbinden. Das heißt: Das Kind, als Pendler zwischen den Welten, soll von seinen Erlebnissen erzählen dürfen: möglichst unbefangen, ohne befürchten zu müssen, dass seine Berichte geahndet werden (das gilt natürlich genauso für die Patchwork-Familie, siehe Seite 104 f.). „Je weniger es den Kindern möglich ist sich mitzuteilen, desto stärker sind sie belastet", warnt Familientherapeut Thomas Gerling-Nörenberg. Halten Sie sich auch hier an ganz einfache Kommunikationsregeln:

– Zeigen Sie, dass Sie zuhören. Wenden Sie sich Ihrem Kind zu, schauen Sie es an. Nicken zeigt, dass Sie bei der Sache sind.

- Fragen Sie offen. Nachfragen signalisieren auch in dieser Situation wirkliches Interesse, nur sollten sie ehrlich auf Details oder die Gefühle der Kinder zielen. „Was war denn in dem Park los?" Das Kind muss antworten können, wie es will. Mit Suggestiv-Fragen drängen Sie es in die Ecke.

> **Stellen Sie Ihrem Kind Fragen und hören Sie konzentriert zu, was es zu sagen hat.**

- Vorsicht mit Kommentaren. Kinder haben eine sehr feine Antenne auch für „harmlose" süffisante Kommentare, wie „Ach, jetzt geht er tatsächlich auf den Spielplatz?" oder „So oft wie ihr wäre ich auch gern mal essen gegangen." Versuchen Sie, sich diese Spitzen für das nächste Selbstgespräch unter der Dusche oder das nächste Treffen mit Freunden aufzuheben.
- Nun lässt sich aber vielleicht den Erzählungen der Kinder entnehmen, dass Ihr Ex-Partner hin und wieder gegen Sie stichelt, im ärgeren Fall über Sie schimpft und Sie dem Kind gegenüber schlecht macht. Auch hier gilt: Nicht in der Gegenwart des Kindes zurückschießen. Auch wenn es schwer fällt! Suchen Sie ein Gespräch unter vier Augen. Die passende Reaktion wäre zu sagen: „Der Papa/die Mama sieht das so. Ich sehe das anders, und zwar …"

Zugegeben, auch diesen Satz muss man vielleicht vorher vor dem Spiegel üben.

Bringt mehr Kontakt mehr?

Diese Frage lässt sich mit ‚ja' beantworten – vorausgesetzt, es gibt nur geringe Konflikte zwischen den Erwachsenen. Wissenschaftliche Forschungsergebnisse zeigen, dass nicht nur die Anzahl der Besuche wichtig ist. „Bei häufigen Kontakten zum getrennt lebenden Vater ist für die Kinder entscheidend, dass die Eltern nicht versuchen, sie in eine Koalition gegen den anderen Elternteil zu drängen", sagt die Münchner Professorin Sabine Walper.

||| Mädchen lösen sich ab

„Am Anfang hat mein Ex-Mann alle zwei bis drei Wochen mit den Kindern verbracht. Dann kam er ein Jahr lang nur noch alle fünf bis sechs Wochen. Die Mädchen haben sich immer noch sehr gefreut, ihn zu sehen, aber sie haben angefangen, sich von ihm zu lösen. Das hat er bemerkt und seitdem kommt er regelmäßig." *Christine, 47 Jahre*

Schaffen es die Erwachsenen, den Ex-Partner respektvoll zu behandeln, ihn nicht abzuwerten und auszuspielen, dann profitieren die Kinder von häufigen Kontakten zum getrennt lebenden Vater. Bei hohem „Koalitionsdruck" leiden die Kinder dagegen unter häufigen Kontakten.

Mangelnde Kontakte haben laut der Studien jedoch unterschiedliche Konsequenzen für Jungen und Mädchen. Interessanterweise scheint die Beziehung der Jungen zum getrennt lebenden Vater eher „immun" gegenüber nur seltenen Besuchen zu sein, während Mädchen sensibler reagieren. Mit abnehmender Kontakthäufigkeit sinkt das Anlehnungsbedürfnis, insbesondere bei Töchtern. Eine stärkere Zurückweisung stellt sich aber erst bei seltenen Kontakten ein. Das belegt beispielsweise Christines Erfahrung.

||| **Niemanden vergessen**

„Die erste Zeit war mit viel Experimentieren verbunden. Man muss bei all dem Jonglieren nur aufpassen, dass man niemanden vergisst."

Christine, 47 Jahre

Der VAMV Nordrhein-Westfalen und die Vätergruppe Kassel haben in der Ende 2007 erschienenen Broschüre „Neue Wege entdecken" (siehe Literaturliste) Praxisbeispiele für den Umgang zusammengetragen: Beispiele von umgangsberechtigten Eltern (in der Regel Väter) und auch Eltern, die mit ihren Kindern zusammenleben (in der Regel Mütter). Diese Broschüre bietet Anregungen, um selbst aus einer vermeintlichen Sackgasse heraus noch einen neuen Weg zu einem guten Umgang miteinander finden.

Helfende Hände – familiäre und andere Netze

Eine Trennung reißt oft das soziale Netz der Familie auseinander, sei es durch das Ereignis an sich oder den darauf folgenden Umzug. Das muss kein dauerhafter Zustand sein. Aber die Erfahrung zeigt, dass doch einige wichtige Bezugspersonen von der Bildfläche verschwinden, einige andere Bedeutung bekommen und einige neu hinzukommen. Mit dem Verlust von Verwandten, Freunden und Nachbarn fehlt den getrennt lebenden Eltern zusätzlich der soziale Halt und wertvolle Unterstützung im Alltag. Die Kinder leiden vor allem, wenn der Kontakt zu den Großeltern abreißt. Sie gehören neben den Eltern und Geschwistern zu den engsten Bezugspersonen der Kinder.

Die Gefahr des Rollentauschs

„Wir haben ja uns!" oder „Wir bleiben ein Team!" sind in dieser Phase des Wandels und teilweisen Auflösung gewohnter Strukturen richtige und wichtige Sätze. Sie zeigen dem Kind, dass zumindest diese Beziehung unerschütterlich ist. Diese neue Teambildung birgt aber die Gefahr, das Kind zu überfordern. Hier stehen sich nicht Partner in Augenhöhe gegenüber, die nur andere Aufgaben wahrnehmen. Ihr Kind bleibt Ihr Kind und damit derjenige, für den Sie Entscheidungen und Verantwortung übernehmen und nicht umgekehrt. Diesen drohenden Rollenwechsel nennt der Wissenschaftler „Parentifizierung".

Psychotherapeut Bernd Roedel warnt aus mehreren Gründen vor diesem schleichenden Rollentausch: „In der Zeit, in der die ‚neuen' Partner allein erziehend sind – und das kann ja mehrere Jahre andauern – wird das Kind immer mehr zum Ansprechpartner des allein erziehenden Elternteils. Es hat die Aufgabe, den Erwachsenen emotional oder körperlich oder intellektuell zu stützen. Damit ist ein Kind natürlich hoffnungslos emotional überfordert,

„Wir sind ein Team!"
Zeigen Sie Ihrem Kind, dass Sie
voll und ganz zu ihm stehen,
aber überfordern Sie es nicht.

selbst wenn es zunächst sehr stolz darauf ist, für Vater oder Mutter so wichtig und bedeutend zu sein.

Derart eingebundene Kinder werden später – wenn Vater oder Mutter sich einen neuen erwachsenen Partner suchen – erbitterten Widerstand gegen den neuen Partner leisten, weil der ja dann gewissermaßen ihren Platz einnehmen will." Diese drohende Überforderung ist im Alltag oft schneller passiert als bemerkt.

||| **Überforderung der Kinder**

„In der ersten Zeit nach der Trennung war ich sehr konfus und vergesslich. Irgendwann hat mein vierjähriger Sohn mich regelmäßig vor der Haustür ‚abgecheckt': „Geldbeutel, Schlüssel, Handy?" Und tatsächlich bin ich immer wieder dankbar umgedreht, um das Fehlende zu holen. Ich fand das rührend und lustig. Eine Freundin, der ich davon erzählt habe, war da ganz anderer Meinung: ‚Du mutest ihm ganz schön viel zu!', hat sie gesagt. Aber erst, als er sich einmal Vorwürfe gemacht hat, weil er das Erinnerungsritual vergessen und ich prompt das Handy liegengelassen hatte, habe ich gemerkt, dass ihm diese kleine Aufgabe tatsächlich schwer zu schaffen macht."

Alexandra, 34 Jahre

„In der Trennungszeit reagieren Kinder und vor allem Jugendliche häufig sehr einfühlsam auf ihre Eltern", sagt die

Scheidungsexpertin Liselotte Staub. Diese Anteilnahme tut gut und im Gegensatz zu Freunden und Verwandten sind die Ohren der Kinder schneller erreichbar und „auf Empfang". Wer sich durch die Krise stark belastet, deprimiert und einsam fühlt, ist manchmal außer Stande, die Verantwortung für sich selbst und die Familie zu übernehmen und lässt meist unbewusst das Kind die Lücke füllen. „Dieses ‚pseudo-erwachsene' Übernehmen von Entscheidungen und Verantwortung für das Wohl der Eltern und der Familie gefährdet die altersentsprechende Entwicklung", warnt Staub.

Ihre Probleme und Sorgen sollten die Elternteile mit erwachsenen Freunden oder Bekannten besprechen und dort ebenfalls ihre Sehnsucht nach Wärme, Geborgenheit, Trost und Zärtlichkeit stillen, rät Bernd Roedel. „Kinder müssen wissen, erfahren und sehen, dass ihre Eltern in ihrem Alltag erwachsene Gesprächspartner haben und sie sich mit diesen regelmäßig treffen."

Besprechen Sie Ihre Sorgen mit Freunden, nicht mit Ihren Kindern.

Er hält altersentsprechende Pflichten im Haushalt für unproblematisch, mahnt aber, genau hinzuschauen: „Wenn der allein erziehende Elternteil sich auf sein Kind stützt und überwiegend nur dadurch stabil stehen kann, dann ist das Kind ‚funktionalisiert'."

Großeltern – unentbehrlich in Krisenzeiten

Großeltern können mit ihrer Unterstützung ein gutes Bollwerk gegen die Überforderung der Kinder bieten. In Krisenzeiten sind es die Großeltern, allen voran in der Regel die Großmütter mütterlicherseits, die sich als Helfer in der Not erweisen. Sie leisten emotionalen Beistand, helfen im Alltag, fungieren als kostenlose (!) Kinderbetreuer und leisten oft eine wesentliche finanzielle Unterstützung. Es gibt aber noch sehr viel mehr Gründe, warum sie den Kontakt zu Ihren und den Eltern Ihres Ex-Partners erhalten und pflegen sollten.

„Großeltern – ruhender Pol in stürmischen Zeiten" hat der Verband allein erziehender Mütter und Väter Nordrhein-Westfalen seine Broschüre über die Bedeutung dieser Generation genannt. Schon der Titel nennt einen der Gründe, warum Oma und Opa nach der Trennung so wichtig für die Enkel sind. Hier ist alles so wie immer, das gibt Vertrauen und Sicherheit und zeigt, dass es Beziehungen gibt, die halten. Großeltern bieten kostbare „Zeitinseln" (siehe Seite 44 f.): die Möglichkeit, fernab von streitenden Eltern und sonstigem Ärger zu spielen, zu reden, sich auszuweinen und einmal nicht mit den so verwirrenden neuen Umständen konfrontiert zu sein.

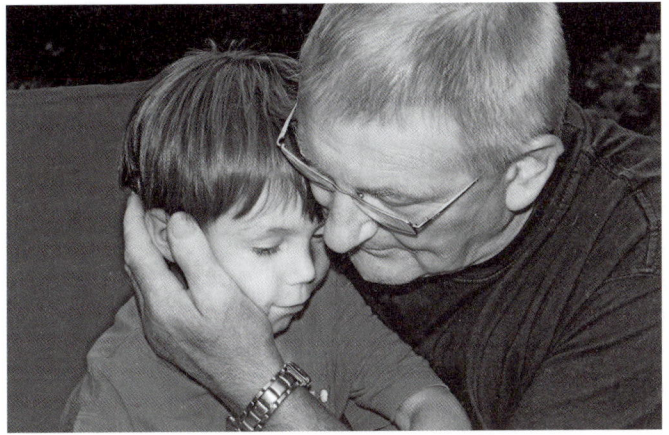

Wie ein Fels in der Brandung: die Großeltern.

Nach einer Untersuchung des Deutschen Zentrums für Altersfragen aus dem Jahr 2002 betreut fast jeder fünfte Deutsche im Alter zwischen 40 und 85 Jahren regelmäßig seine Enkelkinder. Die Bereitschaft, sich für Enkel einzusetzen, ist fest in der menschlichen Psyche verankert – das hat die evolutionspsychologische Forschung gezeigt.

Doch auch nach der akuten Phase der Trennung, wenn die Wogen sich geglättet haben, sollten die Großeltern ihren wichtigen Platz im Leben ihrer Enkel behalten. Sie bleiben nach wie vor wichtig als ruhender Pol vertrauter Sicherheit, als „Kummerkasten" und Ratgeber. Die Sichtweise von verschiedenen Generationen ist wichtig für die weitere Entwicklung von Kindern. Sie erfahren mehr von ihren Wurzeln, erleben mit Oma und Opa den Alltag älterer Menschen. Seit 1997 setzt sich die „Bundesinitiative Großeltern" dafür ein, die Beziehungen zwischen den Kindern, Eltern und Großeltern auch nach Trennung und Scheidung nicht abbrechen zu lassen. Da die Kinder meistens bei der Mutter leben, leiden Untersuchungen zufolge vor allem die Großeltern väterlicherseits unter dem fehlenden Kontaktmöglichkeiten zu ihren Enkeln.

||| **Eng mit der Schwiegermutter –
auch nach der Trennung**

„Meine Schwiegermutter war mir näher als meine eigene Mutter. Wir haben viel geredet, nicht nur über die Kinder und auch einiges zu zweit unternommen. Als ich mich von ihrem Sohn getrennt habe, hatte sie wohl erst das Gefühl, auch eine Tochter verloren zu haben. Zumindest hat sie es ähnlich ausgedrückt. Und dennoch hat sie den Kontakt fast ohne Unterbrechung aufrecht erhalten. Nach wie vor hat sie einmal in der Woche die Kinder besucht, die sehr an ihr hängen. Sie ist nach meinem Ex-Mann und mir der wichtigste Mensch in deren Leben. In der ersten Zeit habe ▶

ich, wenn sie kam, die Wohnung verlassen, weil die Spannung fast zum Greifen war. Sie hat mir mit deutlichen Worten, aber immer sehr sachlich, zu verstehen gegeben, wie traurig und enttäuscht sie ist. Zu einer Aussprache ist es aber erst viel später gekommen. Inzwischen, nach einigen Jahren, ist das Verhältnis fast so wie früher und wir fahren hin und wieder zusammen mit den Kindern in den Urlaub. Dass sie ihre eigene Gefühle so zurückgestellt hat, das rechne ich ihr hoch an!"

Alexandra, 34 Jahre

Hilfe von außen

Nach der ersten Aufregung und vielen langen Gesprächen und Telefonaten mit Freunden kehrt irgendwann der Alltag ein, der in der Regel an allen Ecken und Enden die neue Situation deutlich spürbar macht. Unterstützung und Zuspruch

Niemand hat Sie vergessen.

sind nach wie vor wichtig, doch die Probleme haben sich verändert und die Aufmerksamkeit Ihrer Umgebung lässt allmählich nach.

Suchen Sie sich deshalb Experten, die „dran" bleiben können. Zum einen kann Ihnen bei Ihren aktuellen Problemen vielleicht wirklich niemand im Freundeskreis helfen. Zum anderen ist „Soforthilfe" immer leichter zu finden als wochenlanger Beistand. Seien Sie sich sicher: Keiner Ihrer Freunde hat Sie vergessen. Mangels Notfall sind Sie gerade auf der Prioritäten-Liste nur ein wenig nach unten gerutscht.

||| **Am besten ohne Anwalt**

„Als meine Ex-Frau und ich uns damals getrennt haben, war Jessica ein Jahr alt. Ich hatte mit der Trennung nicht gerechnet und war sehr hilflos. Es war eine sehr schwierige Zeit. Es gab damals, vor 13 Jahren, in unserer Stadt keine Hilfsangebote für Väter wie mich. In dieser verzweifelten Lage habe ich mir einen Rechtsanwalt genommen, was rückblickend der Sache nicht unbedingt gut getan und ihr eine gewisse Eigendynamik verliehen hat. Heute würde ich jedem Vater in einer vergleichbaren Situation raten: ‚Lasst die Anwälte bei der Umgangsregelung erst mal draußen! Solange noch irgendwo eine gemeinsame Basis da ist, versucht es, gemeinsam als Eltern zu regeln.‘ Wenn das nicht funktioniert, sollte man eine Beratungsstelle aufsuchen oder es mit Mediation probieren."

Andreas, 45 Jahre

Experten sind unter anderem die Beratungsstellen des Verbands allein erziehender Mütter und Väter. Hier treffen Sie nicht nur auf offene Ohren, sondern finden auch kompetenten Rat für Ihre Probleme. Außerdem werden „offene" Treffen angeboten, die unangemeldet und spontan besucht werden können. Sie mögen kein Freund derartiger Treffen sein, doch neue Situationen erfordern neue Wege und es gibt nichts zu verlieren. So schwer es fällt, Sie werden zu zweit „dran" bleiben müssen.

Wertvolle Unterstützung bietet die Familien-Mediation. Sie hilft bei einer Trennung eine Gesprächs- und Verhandlungsbereitschaft zu schaffen oder wiederherzustellen. Voraussetzung: Sie und Ihr Ex-Partner sind bereit, sich an einen Tisch zu setzen. Auf der Internetseite der Bundesarbeitsgemeinschaft Familien-Mediation www.bafm-mediation.de findet sich eine Übersicht der Regionalgruppen samt Kontaktadressen.

Für Eltern, die zwar beide das Wohl der Kinder im Auge behalten wollen, sich aber mit allzu großer Nähe des Ex-Partners schwer tun, gibt es ebenfalls Kursangebote. Das Programm „Kinder im Blick" der Ludwig-Maximilians-Universität München und der Beratungsstelle „Familien-Notruf München" informiert Eltern über ihre Aufgaben in dieser oft sehr belastenden Zeit. In Rollenspielen und Praxisübungen wird die Theorie erprobt. Das bundesweite Netzwerk „Deutsche Liga für das Kind" hat das Trainingsprogramm mit dem „Präventionspreis Frühe Kindheit 2007" ausgezeichnet.

„Beratung – das klingt für viele, als hätten sie ein Defizit", sagt Christina Kefalidis. Die Diplom-Psychologin arbeitet beim Kinderschutzbund Aachen als Trainerin und Leiterin des Elternkurses „Starke Eltern – starke Kinder". Viele Ortsverbände des Vereins bieten diese Kurse an (siehe Adressen). Das Programm hat zum Ziel, das Selbstvertrauen als Eltern zu stärken, für die Familie wichtige Werte zu erkennen und die Fähigkeiten zum Verhandeln, Grenzensetzen und Zuhören zu erweitern.

Das elfwöchige Programm richtet sich an Kernfamilien, Alleinerziehende und es gibt auch ein spezielles Angebot für Patchwork-Familien. Aufgrund langjähriger Erfahrung befürworten die Leiterinnen heterogene Gruppen, in denen unterschiedliche Familienformen zusammenkommen. „Es tut allen Eltern gut, sich mit Erziehung zu beschäftigen – je eher, desto besser. In den allgemeinen Gruppen erkennen Eltern, dass auch andere Familienformen ganz ähnliche Probleme haben und können sich ehrlich austauschen."

Das Programm hilft, wichtige Werte zu erkennen und Fähigkeiten zu erlernen.

Grundlagen und Tabus

(von *Liselotte Staub*)

— Unterstützen Sie die Beziehungen Ihrer Kinder! Durch die veränderte Wohnsituation und die Trennung wird zusätzlich das soziale Netz der Familie auseinandergerissen. Großeltern gehören häufig neben den Eltern und Geschwistern zu den engsten Bezugspersonen der Kinder. Viele Kinder leiden unter dem Verlust ihrer Beziehung zu den Großeltern. Daher sollte für die Kinder der Kontakt zu beiden Großeltern weiterhin möglich sein.

— Halten Sie den Tagesablauf aufrecht! Die neue Familiensituation verändert den Alltag des Kindes. Die zeitweilige Abwesenheit eines Elternteils kann den Tages- und Wochenablauf eines Kindes, den Erziehungsstil beider Eltern, die Beziehungen zu den Geschwistern, die Nachbarschaft und anderes stark beeinflussen oder verändern. Wie erfolgreich sich ein Kind an die neue Situation anpasst, hängt davon ab, wie stark sein Leben auf den Kopf gestellt wird bzw. je mehr Veränderungen es zu bewältigen hat, desto größer ist das Risiko der Überforderung und einer Fehlanpassung.

Kinder versuchen mit unterschiedlichen Reaktionen, mit der Situation klarzukommen.

– Zeigen Sie Verständnis für problematische Reaktionen! Jedes Kind braucht eine gewisse Zeit, in der Regel ein bis zwei Jahre, um sich an die veränderte Lebenssituation zu gewöhnen, und jedes Kind versucht, mit der neuen Situation so gut es geht, fertig zu werden. Natürlich gelingt dies nicht jedem Kind gleich „gut". Sein Charakter, seine Persönlichkeit, seine Stärken und Schwächen und die konkrete Situation daheim bestimmen, wie es die Trennung seiner Eltern verarbeitet. Einige problematische Reaktionen werden keinem Elternteil erspart bleiben. Eltern sollten aber daran denken, dass es Reaktionen sind, mit deren Hilfe das Kind versucht, mit der Situation klar zu kommen. Eltern sollten unterstützend und verständnisvoll sein und sich Zeit für das Kind reservieren. Abgesehen davon ist es aber wichtig, in der Erziehung fair, entschlossen und konsequent zu bleiben.

– Unterstützen Sie Geschwisterbeziehungen! Geschwister helfen sich häufig gegenseitig bei der Verarbeitung der Trennung. Sie sind in der neuen und unbekannten Situation nicht allein, sie können über ihre Probleme miteinander reden und sie vermitteln sich gegenseitig ein Gefühl der Zugehörigkeit, gerade wenn sie Zweifel an der Verlässlichkeit menschlicher Beziehungen haben.

In den meisten Familien intensiviert sich die Geschwisterbeziehung nach der Trennung, Feindseligkeiten werden abgebaut. Vor allem ältere Geschwister zeigen mehr Fürsorge für die jüngeren Geschwister. Treten Verschlechterungen in den Geschwisterbeziehungen ein, liegt dies sehr oft am Verhalten der Eltern. Etwa durch einen subtilen Kampf der Eltern ums Lieblingskind oder durch die Übertragung von (meist negativen) Eigenschaften des abwesenden Elternteils auf ein Geschwisterteil. Dies geschieht besonders, wenn sich Vater und Kind ähnlich verhalten. „Du sprichst schon wie dein Vater, du bist wie er". In einigen Familien kann es unter Geschwistern auch zu vermehrtem Konkurrenzverhalten und Eifersucht kommen, auch

Schenken Sie Ihrem Kind kleine „Inseln" der Sicherheit.

weil der sorgeberechtigte Elternteil nun durch die Berufstätigkeit und Mehrfachbelastung weniger Aufmerksamkeit und Zeit zur Verfügung hat.

Eltern sollten sich trotzdem etwas Zeit für jedes ihrer Kinder reservieren, in der sich diese mit ihren Anliegen an die Eltern wenden können, z. B. eine halbe Stunde vor dem Zubettgehen. Kinder erleben diese Momente wie kleine „Inseln" der Sicherheit.

— Vermeiden Sie Auseinandersetzungen! Vielen Familien und getrennten Paaren gelingt es, manchmal auch mit der Hilfe von Drittpersonen, Konflikte, Auseinandersetzungen und Streit auf ein erträgliches Maß zu verringern. Trotzdem lassen sich Konflikte selten ganz vermeiden. Kinder erleben diese Streitigkeiten zwischen den Eltern als sehr bedrohlich, beängstigend und belastend. Erfahren Kinder z. B. die Zuverlässigkeit ihrer Eltern, indem die Mutter an Besuchstagen dafür sorgt, dass die Kinder pünktlich fertig sind, wenn sie vom Vater zur vereinbarten Zeit abgeholt werden, fällt es ihnen leichter, unvermeidbare Auseinandersetzungen der Eltern auszuhalten. An sich ist es keine Seltenheit, dass in Familien auch nach der Trennung über „alte" Konflikte weiter gestritten wird. Sollte es dabei aber zu körperlichen, seelischen und sexuellen Gewalthandlungen kommen, ist dringend professionelle Hilfe aufzusuchen.

Nehmen Sie die Probleme Ihrer Kinder ernst. Eventuell sollte die Lehrerin oder Kinderärztin informiert werden. Auffälliges Verhalten als Bewältigungsversuche sollten von den Eltern nicht als persönliche Provokationen gedeutet werden oder sogar entsprechend bestraft werden.

Zeit für Kinder nehmen – für die Kleinen eine Insel der Sicherheit.

– Nähren Sie Wiedervereinigungswünsche nicht! Für Eltern wird es schwierig, ihrem Kind gegenüber eine klare Position zu beziehen, wenn sie selbst an eine Versöhnung mit dem Ex-Partner oder der Ex-Partnerin glauben oder sich diese erhoffen. Sehr häufig senden Väter und Mütter ihren Kindern gegenüber unterschiedliche Signale, z. B. indem ein Elternteil dem Kind sagt, dass er oder sie gern wieder mit dem andern Elternteil zusammenleben würde und der andere

> **Unterstützen Sie nicht die Wiedervereinigungs-Fantasien Ihres Kindes.**

Elternteil dem Kind mitteilt, dass er oder sie sicher nie zum andern Elternteil zurückkehren wird.

Welche persönliche Einstellung Eltern auch immer haben, es macht keinen Sinn, dem Kind etwas vorzumachen. Eltern sollen akzeptieren, dass ihr Kind den abwesenden Elternteil vermisst und von ihm spricht, aber sie sollen klar benennen, dass seine Wünsche Ihre Entscheidung zur Trennung nicht rückgängig machen kann.

– Vermeiden Sie Loyalitätskonflikte! Viele Kinder fühlen sich zwischen Vater und Mutter hin und her gerissen. Sehr oft stehen sie auch zwischen Stiefvater und leiblichem Vater und wissen nicht, wen sie nun gern haben dürfen. Wenn Loyalität zu einer Bezugsperson Disloyalität zu der anderen bedeutet, zeigen Kinder ihre Gefühle nicht mehr offen, weil sie befürchten, ihre beiden Eltern oder Stiefvater oder Stiefmutter zu verletzen. Schlimm wird es für sie, wenn sie von einem oder beiden Elternteilen aufgefordert werden, Partei zu ergreifen.

Streiten Sie sich mit niemandem um die Liebe Ihres Kindes. Fordern Sie Ihr Kind nie auf – auch nicht auf subtile Art –, Partei zu ergreifen.

Einer mehr?
Eine neue Liebe

„Der stärkste Puffer gegen Scheidungsstress ist eine neue Liebesbeziehung", schreibt E. Mavis Hetherington in ihrem Buch „Scheidung. Die Perspektiven der Kinder". „Durch sie nehmen Depressionen, Gesundheitsprobleme und Arztbesuche häufig ab, die Selbstachtung hingegen zu. Wenn man von jemandem geliebt und geschätzt wird, liegt der Gedanke nahe, dass man diese Zuwendung verdient hat." (…)

Nach einer Scheidung heilt nichts so sehr wie eine neue Liebe. Dies trifft für Frauen zu, aber noch mehr für Männer, die sozial weniger geschickt und emotional isolierter sind und sich ohne eine neue Partnerschaft in den ersten Jahren oft völlig hilflos fühlen." Dieser Einschätzung mag man nur teilweise zustimmen. Edith Weiser, die Geschäftsführerin des Verbandes allein erziehender Mütter und Väter in Nordrhein.Westfalen, sagt: „Männer lassen sich viel schneller als Frauen auf eine neue Beziehung ein, auch allein erziehende Väter."

||| **Einfach nur verliebt sein**

„In den ersten Jahren habe ich mich irgendwie noch sehr an Franz gebunden gefühlt. Auch unsere großen Konflikte nach der Trennung haben mich krank gemacht, seelisch und körperlich. Erst seit zwei Jahren habe ich das Gefühl, dass ich langsam wieder Fuß gefasst habe. Und erst seit kurzem fange ich wieder an, mich für andere Männer zu interessieren. Ich bin jetzt 41, aber irgendwie bin ich in Liebesdingen in der ‚jungen Phase‘ stecken geblieben. Ich will einfach nur verliebt sein, dieses Verantwortungslose, das man sich damals noch leisten konnte. Es ist mir klar, dass das nicht geht. Und so denke ich bei Männern in meinem Alter gleich auch an deren ‚Altlasten‘. Immer habe ich sofort die möglichen Probleme im Kopf." *Anke, 41 Jahre*

Von Wagnissen, Altlasten und der Angst vorm Scheitern

Viele Frauen begleiten ähnliche Zweifel und Bedenken jahrelang. Manchmal ist „wahre" Liebe auch schwer zu erkennen. In Krisenzeiten verliebt man sich schon mal morgens in den altbekannten joggenden Hundebesitzer, mittags entdeckt man ungeahnte Sympathien für den neuen Kollegen und abends entpuppt sich der Taxifahrer als Traummann, weil er so nett lächelnd das Wechselgeld rübergereicht hat. Emotionale Verwirrungen heilt die Zeit. Problematisch ist die Abkürzung dieser Phase via Internet. Zu den beliebtesten Seiten im Netz gehören – die Partnerbörsen.

Aus der Sicht der Berner Psychotherapeutin Liselotte Staub sind diese Börsen der Hauptgrund dafür, dass zwischen Trennung und neuer Beziehung nur Wochen, manchmal sogar nur Tage liegen. So verständlich der Wunsch nach einer neuen Beziehung ist, die Folgen dieses Handelns sind fatal. Trotz optimierter Partnerauswahl ist auch bei den Online-Börsen ein sofortiger Sechser im Beziehungsglück eher selten. Die neuen Enttäuschungen deprimieren in ungewohnter Heftigkeit. „Viele Frauen in unseren Beratungen fühlen sich durch die ‚Fehlschläge‘ sehr müde und ausgebrannt." Durch die schnelle Konzentration auf eine neue Beziehung fehlt zusätzlich Zeit und Energie für die Kinder, die ihre Mütter in der ersten Zeit nach der Trennung so dringend brauchen. „Der Elternteil, der mit den Kindern zusammenlebt, das ist in den meisten Fällen die Mutter, sollte in dieser Phase intensiv für die Kinder da sein. Es ist nach den neuesten Erkenntnissen fast die wichtigste Schutzfunktion gegen Trennungsfolgen", betont Staub.

||| **Eine Freundin sein**

„Mein Vater ist in eine Einzimmerwohnung gezogen und da haben wir ihn auch öfter besucht. Seine neue Freundin wohnte damals noch bei ihrem Noch-Ehemann. Sie war damals 23, hatte ein kleines Mädchen aus erster Ehe und war schon von meinem Vater schwanger, das habe ich allerdings nicht sofort begriffen. Ich musste erst meinem Vater danach fragen und fand schon verletzend, dass er es mir nichtvon allein erzählt hat. ‚Sie kann mehr eine Freundin für euch sein‘, hat mein Vater gesagt, aber geklappt hat das nie. Ich hätte mir mit 23 natürlich auch nicht vorstellen können, auf einmal zwei Mädchen aufs Auge gedrückt zu bekommen, die kaum zehn Jahre jünger sind als ich.“ *Sabine, 33 Jahre*

Nur so erlangen die Kinder das Vertrauen, in ihren Ängsten nicht allein gelassen zu sein. Nur so entwickelt und festigt sich die neue Elternfunktion. Experten sind sich einig: Nach einer Trennung werden neue Partnerschaften oft zu schnell gewagt und den Kinder zu schnell „Ersatz“ präsentiert.

Trennungsprobleme erst emotional verarbeiten

„Da sich meist die ‚alten Muster‘ aus der früheren Familie in neuen Partnerschaften wiederholen, ist es sinnvoll, zunächst solo zu bleiben“, sagt Familientherapeut Thomas Gerling-Nörenberg, selbst Patchwork-Vater. „Ich habe in meinem

Leben aber auch als Therapeut erlebt, dass die meisten Partnerprobleme, die sich gerade in ‚engen' Beziehungen zeigen, erst dann ‚lösen', wenn die Schlüsselsituation erkannt ist. Zunächst muss ich mir selbst bewusst werden, dass der Partner ‚nur' meine Probleme widerspiegelt; dass ich es bin, der die Reaktion beim anderen Partner auslöst."

Vor dem Neustart sollte also die Trennung oder Scheidung emotional verarbeitet worden sein. Eine erfolgreiche Verarbeitung ist jedoch nicht so leicht zu erkennen. Manches schmerzt noch Jahre lang.

Für den Psychotherapeuten Bernd Roedel vom Stuttgarter Institut für Systemische Therapie, Beratung und Supervision gibt es sichere Indizien für eine mangelhafte Aufarbeitung: Probleme bezüglich der Aufenthalte der Kinder bei den leiblichen Elternteilen und eine schwierige Kooperation der leiblichen Eltern. „Solange also die früheren Partner über die leiblichen Kinder Unruhe und Stress erzeugen können, wird die neue Patchwork-Familie emotional belastet und oft überfordert." Daraus folgt idealerweise, dass Sie Ihren neuen Partner am besten erst finden, nachdem Sie die alte Beziehung verarbeitet haben. Die Realität sieht oft anders aus. Schon verliebt und noch mittendrin im Gefühls-Chaos?

||| **Lange gewartet**

„Mein jetziger Freund Fred kommt jedes Wochenende von Paris nach Berlin. Die Kinder mögen ihn sehr gern. Ich habe aber sehr lange gebraucht, bis ich die Beziehung zu ihm offiziell gemacht habe. Ich war durch die Trennung in meinen Grundfesten erschüttert, denn ich dachte immer, mein Mann und ich gehen auch im hohen Alter noch händchenhaltend am Strand spazieren."

Christine, 47 Jahre

Der Start als potenzielles Patchwork-Paar ist ungleich komplizierter und die Erwartungshaltung dabei gleichzeitig viel höher als an ein kinderloses Paar. Nicht nur mit Anfang 20 ist es manchmal schwierig herauszufinden, was man eigentlich will. Es kostet Zeit, einander kennen zu lernen. „Die emotionale Basis muss tragfähig sein", sagt Bernd Roedel vom Stuttgarter Institut für Systemische Therapie, Beratung und Supervision. „Wird der alte Partner zu schnell durch einen neuen ersetzt, ist nicht die Liebe das Motiv. Es ist der Versuch, Trauer und Wut über den Verlust des vorigen Partners zu vermeiden."

Manchmal sind es auch unbewusst ganz praktische Überlegungen, die hinter einer „neuen Liebe" stecken: die Suche nach einer neuen Mutter oder nach einem neuen Vater für die Kinder oder eine finanzielle Absicherung.

Gespenster zur Ruhe bringen

Aus Ihrer Sicht besteht nun aber gar kein Zweifel an Ihrer echten Liebe zu Ihrem neuen Partner. Bei Patchwork-Familien unterscheidet sich die Beziehung des neuen Paares von Anfang an, sagt Bernd Roedel: „Es gibt keine ausschließliche Paar-Zeit ohne Kinder. Die Partner sind immer auch gleichzeitig Vater und Mutter, was oft eine schwere Hypothek für die Intimität und Sexualität des neuen Paares ist." Vor allem wenn die Kinder noch klein sind, ist es schwer, sich näher zu kommen. Da torpedieren verlässlich Magen-Darm-Infekte die Restaurant-Besuche, sind Kino-Abende aufgrund ausgebuchter Babysitter nur lange im Voraus zu planen und auch ein paar gemeinsame Stunden in den eigenen vier Wänden sind manchmal nur mit viel Humor zu ertragen. „Das Paar hat keine Zeit, sich eine längere Zeit völlig auf sich zu konzentrieren."

Im Laufe der Jahre ist zudem Ihre interne Partner-Checkliste „wie muss er sein, was geht auf keinen Fall" immer länger geworden. Die Erfahrung der Trennung macht einen laut Liselotte Staub zusätzlich „frustrationsintoleranter". Als „gebranntes Kind" scheut man schnell vor Hindernissen zurück, noch dazu, wenn es sich um vertraute Konflikte handelt. Die bekannte amerikanische Psychologie-Professorin E. Mavis Hetherington hat diese Ängste und Verwundbarkeiten die „Gespenster" der Lebens- und Ehe-Vergangenheit genannt. Wer diese Gespenster nicht zur Ruhe bringt, entwickelt nach den Erfahrungen von Liselotte Staub eine „Kompetenz im Abbrechen".

Deshalb versuchen Sie
– ehrlich Ihre Fehler und Schwächen aus der Vergangenheit zu erkennen
– die Vergangenheit des anderen zu respektieren
– ehrlich Ihre Wünsche und Ängste dem neuen Partner zu vermitteln
– Ihre Erwartungen realistisch zu halten
– Probleme zu erwarten

Wie sag ich's den Kindern?

Eine Möglichkeit wäre, „wie sag ich's" zu googlen. Das bringt 49 300 Treffer. Erstaunlich, wie viele Menschen das ihnen auf dem Herzen liegende nicht an den Mann bringen können. Aber die Tatsache, dass Sie nicht allein sind mit Ihren Überlegungen, dürfte Sie erleichtern. Wie Sie Ihren Partner den Kinder vorstellen, hängt wieder von vielen individuellen Rahmenbedingungen ab: von Ihrer Persönlichkeit, den Umständen, der Haltung Ihres Partner, Ihren Erfahrungen, Ihren Kindern.

Aus der schon erwähnten Angst vor einer neuen Enttäuschung lassen sich viele Erwachsene lange Zeit, den neuen Partner „offiziell" werden zu lassen. So pendelt man zwischen zwei Welten, zwischen der „Insel" Beziehung und dem Festland „Familie". Diese „Parallelwelten" müssen sich auch keineswegs verbinden, solange alle Beteiligten mit dem Modell zurechtkommen.

||| **Wochenendbeziehung**

„Moritz kennt Jan quasi von Geburt an. Als Jan und ich nach einiger Zeit ein Paar wurden, haben wir unsere Beziehung aber zunächst nur an den Wochenenden gelebt – zu der Zeit also, in der Moritz bei seinem Vater war. Als Jan dann nach eineinhalb Jahren das erste Mal über Nacht geblieben ist, hat sich Moritz tierisch gefreut."

Heike, 33 Jahre

So verständlich Ihr Zögern vor dem Schritt des ersten Kontakts ist – warten Sie nicht zu lange! „Wenn die Eltern den Kindern ihre neuen Beziehungen zu lange verheimlichen, wird dies von den Kindern zutreffend als schlechtes Gewissen bzw. als Schuldgefühl gedeutet", warnt die Psychotherapeutin Liselotte Staub. „Daraus schließen Kinder, dass die Mutter oder der Vater etwas Unrechtes tut, wenn er oder sie sich in eine neue Beziehung einlässt. Die Widerstände diesem neuen Partner gegenüber sind programmiert."

„Bist du verlieeebt?"

Eine Art innerer Herdentrieb lässt bei vielen „heimlichen Paaren" mit der Zeit den Wunsch entstehen, Partner und Kinder einander vorzustellen. So selten Sie Ihren neuen Partner auch sehen mögen, er wird zwangsläufig nach und nach mehr von Ihrem Alltag mitbekommen. Er oder sie wird nachfragen, zuhören, sich interessiert zeigen. Das führt zu dem unguten Gefühl, wichtige Menschen seines Lebens voreinander zu verbergen.

Manchmal lässt sich ein neuer Partner nicht lange verheimlichen. Der Zufall oder auch nur das untrügliche Gespür der Kinder wirft jeden Plan über den Haufen. Durch Ihre

Geben Sie eine ehrliche Antwort, wenn Ihr Kind Ihr Verliebtsein bemerkt.

unerschütterlich gute Laune, die veränderte Stimmlage am Telefon, durch das vergessene Duschgel im Badezimmer haben Sie sich „verraten", und dann hilft auf die neugierige Frage „Bist du verlieeeebt?" nur ein schlichtes „Ja". Die folgenden Nachfragen verraten relativ schnell die Wünsche und Ängste Ihrer Kinder.

Erklären Sie Ihnen, dass Sie jemanden gefunden haben, der sie lieb hat und das auf eine andere Weise als Ihre Kinder. Oft zielt deren Wissensdurst weniger auf die Person, sondern eher auf die Konsequenzen, die der neue Partner für sie mit sich bringt. Was ändert sich an ihrem Alltag durch den neuen Partner, zieht er ein oder wir gar um? Kinder freuen sich gern und sind manchmal auch erleichtert.

||| **Die Mutter „versorgt" wissen wollen**

„Wenn Jana am Sonntag von ihrem Papa und seiner neuen Freundin heimkam, hat sie oft abends im Bett noch gefragt: ‚Hast du eigentlich einen Freund?' Am Anfang dachte ich, sie fragt, weil das eigentlich eher ihren Vater interessiert. Aber nach einiger Zeit ist mir klar geworden, dass sie mich auch ‚versorgt' wissen wollte."

Alexandra, 34 Jahre

Das erste Treffen

Für das erste Treffen können Sie zwei Varianten in Erwägung ziehen. Entweder die Kinder wissen, dass es sich um den neuen Partner handelt – oder nicht. Älteren Kinder sollten Sie erklären, wen sie da vor sich haben werden. Die merken ruckzuck, wie der Hase läuft und fühlen sich bei der Enttarnung hinters Licht geführt. Eine erste Zurückhaltung mag gerade bei kleinen Kindern sinnvoll sein.

> ||| **Gemeinsam in den Zoo**
>
> „Die erste Begegnung zu dritt fand im Tierpark statt.
> Wir sind gemeinsam dort hingeradelt und Thomas und
> mein Sohn Michael haben sich auf dem Weg dorthin ein
> Rennen geliefert. Michael war es gewohnt, dass wir viel
> mit Freunden unternommen haben und so war der Ausflug
> mit Thomas nichts Ungewöhnliches für ihn. Der Tag war
> vom ersten Moment an sehr harmonisch. Michael ist auch
> ein sehr kommunikatives Kind und die beiden haben sich
> sehr gut verstanden." *Katja, 35 Jahre*

Aktivitäten erleichtern den ersten Kontakt ungemein. Bei einem Ausflug, auf der Skipiste, im Museum oder eben im Zoo bietet schon die Umgebung genug Gesprächsstoff. Das erspart lange Pausen und ein unnötig steifes Verhalten. Verzweifeln Sie ja nicht, wenn Sie sich das erste Aufeinandertreffen herzlicher vorgestellt hätten. Eine distanzierte Haltung der Kinder ist einem noch Fremden gegenüber verständlich. Zurückhaltung muss nicht gleich Ablehnung bedeuten. Zum anderen ist eine unter „Argusaugen" absolvierte Begegnung keine leichte Übung. Dass in dieser Stresssituation nicht jedes Wort und jede Geste gelingt, kann passieren.

Verzweifeln Sie nicht, wenn das erste Zusammentreffen mit dem neuen Partner misslingt.

Nehmen Sie sich die Zeit, genau hinzuschauen. Wie haben sich alle Beteiligten verhalten? War gegenseitiges Interesse spürbar? Was hat Mühe gekostet, was ist leicht gefallen? Warum haben die Kinder negativ reagiert? Liselotte Staub gibt Folgendes zu bedenken: „Nach der Trennung der Eltern übernimmt das Kind eine neue Rolle in der Restfamilie, die in den meisten Fällen einen eher partnerschaftlichen Charakter hat. Nach dieser Erfahrung fällt es dem Kind oft schwer, in der Stieffamilie wieder die Kinderrolle einzunehmen. Das Hinzukommen des Stiefvaters zerstört außerdem auch die restlichen Hoffnungen auf eine Wiederversöhnung der beiden Eltern. So spürt das Kind den Schmerz der Trennung noch einmal sehr deutlich."

Auch der Elternteil, bei dem die Kinder nicht dauerhaft leben, in der Regel also die Väter, muss darauf achten, die Kinder mit der neuen Beziehung nicht zu überfordern. Auch hier gilt: Zeit lassen. Die Väter verbringen nach der Trennung in der Regel deutlich weniger Zeit mit ihren Kindern, diese aber vielleicht intensiver als vorher. Vor allem der berufliche Alltag hat den Vätern während der Beziehung keinen großen Einblick in die Lebenswelt des Kindes erlaubt. Und so mag das Gespür für seine Sichtweise und Maßstäbe fehlen. Kinder wachen genau über ihre Stellung und damit über diese exklusiven Stunden. Geben Sie Ihnen besonders am Anfang die Möglichkeit, mit zu entscheiden, ob es zumindest gelegentlich an den Papa-Tagen auch die neue Freundin sehen will. Psychotherapeut Bernd Roedel macht Mut: „Kinder arrangieren sich mit der neuen Situation sehr schnell, wenn sie nicht glauben, mit irgendjemandem loyal sein zu müssen."

||| Falsche Hoffnungen vermeiden

„Sein Vater und ich waren zu dem Zeitpunkt schon offiziell getrennt, er hat aber noch in der Wohnung gewohnt. Als er ausgezogen ist und Thomas dann öfter zu Besuch kam, hat Michael manchmal ein wenig gemault. ‚Du könntest dich auch mal mit anderen Leuten treffen als nur mit Thomas', hat er gesagt. Thomas und ich haben vor Michael am Anfang darauf geachtet, dass wir nur freundschaftlich miteinander umgehen, haben uns z. B. nicht geküsst. Nach ein paar Monaten haben wir einen Ausflug an einen See unternommen und da wurde es Michael dann doch klar, dass Thomas mehr ist als nur ‚ein' Freund. Er hat nachgefragt und ich habe ihm ehrlich geantwortet. Michael war dann ganz begeistert von der Möglichkeit, dass Thomas als mein neuer Freund ja zu uns ziehen könnte. Dabei ging es ihm aber, glaube ich, weniger um den Menschen Thomas, sondern vielmehr darum, dass nach dem Auszug seines Vaters so wieder die ‚äußere Form' wiederhergestellt gewesen wäre. Thomas ist bis heute nicht bei uns eingezogen. Ich will es nicht. Ich weiß nicht, wie sich die Beziehung entwickeln wird." *Katja, 35 Jahre*

Einer mehr – die Patchwork-Familie

„Die" Patchwork-Familie gibt es nicht. Aber allen Konstellationen ist eines gemeinsam: Zu den beiden leiblichen Elternteilen kommt ein sozialer Elternteil hinzu oder ein verstorbener Elternteil wird durch einen sozialen „ersetzt". Nach der Trennung der Eltern findet das Familienleben in verschiedenen Haushalten statt.

Das Deutsche Jugendinstitut (DJI) unterscheidet zwischen der Alltagsfamilie und der Wochenendfamilie: Es gibt also den Haushalt, in dem das Kind mit einem leiblichen Elternteil wohnt und in dem es die meiste Zeit lebt und zusätzlich den Haushalt des außerhalb lebenden Elternteils, den das Kind in den Ferien oder an den Wochenenden besucht. Bei der Alltagsfamilie handelt es sich heute in der Regel um Stiefvaterfamilien: Das Kind lebt im Alltag mit seiner leiblichen Mutter und ihrem neuen Partner zusammen. Stiefmutterfamilien sind sehr selten. Bei den „einfachen" Stieffamilien können ein oder beide Partner Kinder mit in die Beziehung bringen. Wenn zu den Stiefkindern gemeinsame leibliche Kinder hinzukommen, spricht man von „komplexen" Stieffamilien.

Patchwork-Mobile – der Start

„Die Ursprungsfamilie gleicht einem Menü, die Patchwork-Familie einem Büffet", sagt Familientherapeut Thomas Gerling-Nörenberg. Durch die Vielzahl von „Zutaten" lasse sich die Statik dieser Familienform auch mit einem Mobile vergleichen. „Bewegt sich ein Teil, bewegen sich alle anderen mit. Die Lösung für einen ist möglicherweise die Lösung für alle." Wie auch immer sie alle zusammengefunden haben, in jeder Patchwork-Familie bleiben die Herausforderungen dieselben. Beziehungen, Grenzen, Funktionen – was in der Kernfamilie klar ist, ist bei der Patchwork-Familie diffus.

||| Hochexplosives Gemisch

„Die Patchwork-Situation an den Wochenenden ist für alle Beteiligten manchmal ziemlich schwierig. Da lebt man hin und wieder in einem hochexplosiven Gemisch. Meine jetzige Lebensgefährtin und ich haben auch mal eine Beratungsstelle aufgesucht, als wir nicht mehr weiterwussten, wie wir mit der Patchwork-Situation umgehen sollten. Es bringt ja nichts, sich nur daheim die Köpfe heiß zu reden."

Andreas, 45 Jahre

In einer Patchwork-Familie ist nicht nur das Beziehungsgeflecht viel komplexer. Es gibt keine gemeinsame Geschichte, kein gemeinsames räumliches Zuhause für sämtliche Familienmitglieder (oder nur in seltenen Ausnahmefällen), es fehlt an rechtlicher Sicherheit, oft überlagern sich verschiedene Lebensphasen. Am Anfang gleichen sich alle Patchwork-Familien: Endlich ist man wieder verliebt und voller Zukunftspläne! Die überwiegende Mehrheit, die sich auf das besondere Modell einlässt,

> **Die Patchwork-Familie ist eine große Chance und Herausforderung.**

vertraut auf die Liebe, den guten Willen und den Faktor Zeit. Worauf auch sonst, werden Sie sagen. Doch die Last des Besonderen wird häufig unterschätzt. Die Patchwork-Familie ist eine große Chance und Herausforderung für die eigene Person samt Kompetenzen und Grenzen und leider auch sehr störungsanfällig. Die neue Familienform zwingt Sie nach und nach dazu, den eigenen Begriff von Familie zu überdenken. Werte und Ideale stehen auf dem Prüfstand. Sie werden sich schmerzhaft eigener Vorurteile bewusst.

Unterschiedliche Patchwork-Modelle

Das Deutsche Jugendinstitut DJI hat in seiner Studie „Stieffamilien in Deutschland" drei Familienmodelle der Patchwork-Familie klassifiziert:

- Die Als-ob-Normalfamilie: Stieffamilien diesen Typs verstehen sich als Kernfamilien. Sie ignorieren ihre Besonderheit, was sich durch die Ausgrenzung des leiblichen

Vaters zeigt. Das Familienklima wird in der Regel von allen als harmonisch erlebt. Familien diesen Typs können funktionieren, wenn das Kind keinen Kontakt zum außerhalb lebenden Vater sucht und auch der leibliche Vater seinerseits keinen Kontakt möchte oder den Kontaktabbruch akzeptiert.

Problematisch ist dieser Typ dann, wenn etwa Mutter und Stiefvater die Familie quasi als Kernfamilie erleben, das Kind diese Familiendefinition aber nicht teilt.

— Die gescheiterte Stieffamilie: Für diesen Typ ist charakteristisch, dass die Integration des Stiefvaters in die Familie misslungen ist. Auch nach längerer Zeit akzeptiert das Kind den Stiefvater weder als väterlichen Freund noch als Partner der Mutter. Unter den dauernden Konflikten leidet das Familienleben und letztlich auch die Beziehung zwischen den Partnern, so dass eine Trennung der (Stief-)Eltern oder die Ausgrenzung des Kindes, etwa durch die Unterbringung in einem Internat, unausweichlich wird. Der leibliche Vater spielt im Familiennetzwerk in der Regel keine Rolle.

— Die erweiterte Stieffamilie: Dieser Typ zeichnet sich durch erweiterte Familiengrenzen und einen intensiven Kontakt und Austausch zwischen den Haushalten der Alltags- und Wochenendfamilie aus. Der Stiefelternteil — und häufig auch seine Herkunftsfamilie — sind in die

Patchwork-Familie integriert. Gleiches gilt für den außerhalb lebenden leiblichen Vater und dessen Eltern. Jeder hat das Vertrauen, sich in schwierigen Situationen auf die Hilfe der anderen Familienmitglieder verlassen zu können. Die erweiterte Form bietet Kindern nicht zuletzt aufgrund ihrer Größe besondere Entwicklungschancen und macht es möglich, die Kinderbetreuung auf mehrere Personen zu verteilen.

Die Vor- und Nachteile der neuen Familie hat die Münchner Professorin Sabine Walper vor allem im Hinblick auf die Kinder so zusammengefasst:

Vorteile:
— Es gibt zwei Bezugspersonen und Rollenmodelle.
— Die finanziellen Möglichkeiten verbessern sich.
— Der allein erziehende Elternteil wird entlastet.
— Die Gefahr, dass dem Kind eine überfordernde „Eltern-Rolle" zugewiesen wird, ist geringer. (zur Gefahr der „Parentifizierung" siehe ausführlich Seite 81 f.).

Nachteile:
— Das Kind muss sich erneut anpassen.
— Der getrennt lebende Elternteil droht ausgegrenzt zu werden.
— Es besteht ein erhöhtes Risiko einer erneuten Trennung.

Aufgaben für die Patchwork-Familie

Aus dem gerade beschriebenen Hintergrund ergibt sich eine durchaus beeindruckende Aufgaben-Liste:

- Negative Erlebnisse in der Trennung müssen bewältigt werden, um einen unbelasteten Neuanfang zu ermöglichen. Gleichzeitig gilt es, die Partnerschaft zu konsolidieren – eine Aufgabe, die in Stieffamilien neben der Elternschaft zu leisten ist.
- Eine vertrauensvolle Beziehung zwischen dem neuen Partner und Ihren Kindern muss aufgebaut werden.
- Auch die Partnerschaft ist zu konsolidieren.
- Der getrennt lebende Elternteil darf keinesfalls vergessen oder an den Rand gedrängt werden: Zu ihm und eventuell auch zu seiner Verwandtschaft muss Kontakt ermöglicht und eine Beziehung erhalten bleiben.
- Unter den Neu-Geschwistern müssen sich positive Beziehungen aufbauen.
- Und jedes in der neuen Partnerschaft geborene Kind bringt natürlich wiederum Veränderungen mit sich und das Beziehungsgeflecht muss erneut austariert werden.

Das klingt nach viel Arbeit, aber das hat Ihnen entweder Ihr Instinkt oder die Erfahrung längst verraten. Und an manchem Patchwork-Entwurf wäre vermutlich auch Herkules verzweifelt, zumindest scheint es selbst den Beteiligten im Rückblick manchmal so.

||| **Wie habe ich das nur geschafft?**

„Wenn heute manchmal die Bude brennt und ich nicht weiß, was ich zuerst machen soll, dann frage ich mich schon im Rückblick, wie ich unsere Anfangszeit gestemmt habe, als das Chaos doch viel größer war und ich das Gefühl hatte, jetzt kommt gerade jeder zu kurz."

Alexandra, 34 Jahre

Eine Reise ins Ungewisse

Es dauert fünf Jahre, bis eine Patchwork-Familie zusammengewachsen ist, sagt die Forschung. Laut Sabine Walper gibt es zwei entscheidende Schlüsselfaktoren für den Erfolg des Familienmodells: das Bewusstsein für die besondere Situation und Geduld für den langjährigen Prozess des Zusammenwachsens. „Laut einer Untersuchung waren fast die Hälfte aller befragten Stiefeltern in der Erwartung zusammengezogen, dass ihre Beziehungen genauso eng sein würden wie die Eltern-Kind-Beziehungen in ,Normalfamilien'. Ein Drittel hatte sich keine Gedanken über mögliche Anforderungen oder Belastungen in der Stieffamilie gemacht und fühlte sich angesichts der auftretenden Probleme überfordert." Diese Ergebnisse stammen aus dem Jahr 1990, doch die aktuellen Erfahrungen von Therapeuten und Beratungsstellen belegen eine nach wie vor ähnliche Haltung.

Beim Begriff Stiefeltern sind Sie jetzt vielleicht ein wenig zusammengezuckt. In der wissenschaftlichen Forschung ist dieser Begriff, obwohl nicht unbelastet, nach wie vor gängig. Es gibt immer wieder Diskussionen über einen passenderen Begriff, doch noch ohne Resultat. In der Beratungspraxis werden oft auch die Begriffe „sozialer Vater" und „soziale Mutter" verwendet.

„Patchwork-Familien kommen fast immer erst dann zu uns, wenn die Schwierigkeiten so eskaliert sind, dass sie

Nach einem komplikationslosen Start können Schwierigkeiten auftreten.

die neue Beziehung ernsthaft bedrohen und eigene Lösungsversuche gescheitert sind", sagt der Stuttgarter Psychotherapeut Bernd Roedel. „In den letzten 25 Jahren ließen sich bei mir nur zwei Paare beraten, die sich im Voraus Gedanken machen wollten, welche Probleme bei einem Zusammenziehen auftreten könnten und wie sie diese dann vermeiden oder lösen könnten."

Diese Unbekümmertheit hat nicht selten mit einem überraschend komplikationslosen Start zu tun, der zunächst keine Schwierigkeiten erwarten lässt. „Entgegen der Erwartung vieler allein erziehender Mütter reagieren die Kinder auf den neuen Partner eher mit abwartender Distanz als mit Ablehnung", erklärt die Berner Psychologin Liselotte Staub.

Das hängt ihrer Ansicht nach damit zusammen, dass Kinder nach der Trennung oft sehr schnell mit neuen, aber wenig dauerhaften Beziehungen konfrontiert werden. Angesichts des häufigen „Personalwechsels" sinkt die Bereitschaft und das Interesse, sich auf den neuen Partner einzulassen.

Die Annäherung

Wie in jeder Beziehung ist auch in Patchwork-Familien die Anfangsphase am einfachsten. Die Situation ist neu und verspricht Abwechslung, der Alltag ist fern, die Beteiligten treffen sich nur gelegentlich, und die Besuche sind noch von stressfreier Stimmung geprägt. Familientherapeut Thomas Gerling-Nörenberg rät zu einer „abwartenden Haltung" den Kindern des anderen gegenüber. „Als kleine mentale Hilfe kann man sich beispielsweise die Annäherung wie an eine Katze vorstellen. Während die Kontaktaufnahme zu einem Hund schnell und leicht gelingt, muss man bei einer Katze viel mehr Zeit aufwenden, genau beobachten, Vertrauen gewinnen und genügend Spielraum für Nähe und Distanz geben. Eine Vertrauensebene vom Erwachsenen zum Kind sollte langsam wachsen."

In der ersten Zeit verbringen Stiefkind und Stiefvater durchaus viel Zeit miteinander, zum Teil bewusst ohne den leiblichen Elternteil. Je intensiver der Kontakt, desto schneller wird klar, wie diffus die Rolle des Stiefelternteils ist. Der Alltag birgt eine Fülle an Anpassungsbedarf. Stau morgens vor der Badezimmertür, kein einziges trockenes Handtuch mehr da. Die Milch hat für die Cornflakes gereicht, aber dass „der Neue" seinen Kaffee ungern schwarz trinkt, daran hat mal wieder niemand gedacht. Und zwischen Tür und Angel oder aufgrund ungewohnter Gesprächsebene geraten Bemerkungen schon mal in den jeweils falschen Hals.

||| Besucherstatus

„Zu dritt (Max, Anna und ich) haben wir dann nach und nach regelmäßig jedes zweite Wochenende zusammen verbracht, unter der Woche war Max dann so ein- bis zweimal abends und über Nacht da. Aber immer noch mehr mit ‚Besucherstatus' – es gab damals noch keine häuslichen Pflichten, die wir geteilt haben – außer bei Grillfeten, da hat er das Zepter recht schnell an sich gerissen. Das änderte sich alles, als wir beschlossen, um- und zusammenzuziehen."

Martina, 39 Jahre

Es gibt gerade in der Startphase viele Unsicherheiten: Das neue Paar ist hin und her gerissen zwischen Gewohnheiten und Kompromissen, zwischen Regelwerk und Laisser-faire. Wie immer hilft auch hier – reden! Und zwar bald. Denn aus jenen ersten Unsicherheiten werden nach dem ersten Streit gern bis aufs Messer zu verteidigende Gewohnheitsrechte. „In einer Patchwork-Familie müssen Sie Gespräche wesentlich mehr pflegen als in einer Kernfamilie", betont Thomas Gerling-Nörenberg. „Feste Termine sind wichtig!" Auch bei diesen „Familientischen" gelten die üblichen Kommunikationsregeln (siehe Seite 67 f.): Bleiben Sie bei der Ich-Perspektive. Vermeiden Sie Vorwürfe. Zeigen Sie, dass Sie zuhören. Fragen Sie offen. Und: Fallen Sie sich als Paar nicht vor den Kindern in den Rücken!

Sie werden Ihre Rolle als Stiefelternteil erst finden müssen. Man will sich verständlicherweise von seiner besten Seite zeigen und es den Kindern des neuen Partners möglichst leichtmachen sich zurechtzufinden. Das ist eine schwierige Gratwanderung, nicht nur wenn Ihre eigenen Kinder vermutlich genau über den Umgang mit den neuen Geschwistern wachen.

„Was Kinder für ihre Entwicklung brauchen, kann ihnen grundsätzlich jeder Erwachsene bieten, der bereit ist, mit ihnen eine familiäre Lebensgemeinschaft einzugehen", sagt Liselotte Staub. „Wie ein Lehrer nicht alle seine Kinder aus tiefstem Herzen liebt, muss auch ein Stiefelternteil seine Stiefkinder nicht lieben. Es genügt, wenn er sein Stiefkind mag, ihm wohlgesinnt ist und bereit ist, ihm den nötigen Respekt entgegenzubringen und Verantwortung für sein

Wohlergehen zu übernehmen." In der Patchwork-Familie komme Sozialität vor Emotionalität. „Soziale Zuverlässigkeit kann man herstellten, Gefühle nicht."

Die Psychotherapeutin rät, sich die Struktur einer Patchwork-Familie wie in einem kleinen Kinderheim vorzustellen, in dem mehrere Kinder von mehreren Erwachsenen betreut werden. Die Erwachsenen untereinander orientieren sich in der Regel an einem gemeinsamen Erziehungskonzept, wobei aber jedes Kind einer speziellen Bezugsperson zugeteilt ist. Bei Problemen, Konflikten oder anstehenden Entscheidungen ist diese Bezugsperson für das Kind zuständig bzw. verantwortlich. Wenn aber die Bezugsperson gerade nicht im Dienst ist, orientiert sich das ihr zugeteilte Kind selbstverständlich nach den allgemeinen Regeln oder nach den Regeln der Dienst habenden Betreuern oder Betreuerinnen.

Sinngemäss ist in einer Patchwork-Familie der leibliche Elternteil die zuständige Bezugsperson und der andere Elternteil eine Betreuungsperson, zu welcher das Kind mehr oder weniger Nähe entwickeln kann. „Bei potenziellen Problemen in einer Patchwork-Familie helfen Kommunikationsfähigkeit, Offenheit und Toleranz, Respekt und Geduld", rät Liselotte Staub.

Alle an Bord?
Die große Gefahr der Verdrängung

Im neuen Familien-Boot hat sich die Anzahl der Passagiere erhöht und die Sitzordnung ist auch neu. Im Alltag rudert man fleißig gegen Wind und Wellen, hat als Steuermann das Endziel anvisiert. Beim Blick über Deck stellt man dann plötzlich fest, da fehlt ja jemand. Wenn Sie Glück haben, sitzt er nur im Beiboot. Die Gefahr des Über-Bord-Gehens, der Ausgrenzung, droht im Prinzip jedem. Dem neuen Partner, seinen und den eigenen Kindern – nur die leibliche Mutter ist in der Regel davor gefeit.

Die Basis aller Familienformen ist das System Vater-Mutter-Kind.

Bewusst oder unbewusst – viele Patchwork-Familien versuchen eine Kernfamilie zu bilden: Das System Vater-Mutter-Kind ist die Basis aller Familienformen, es ist vertraut und überschaubar. Dieses Modell verdrängt jedoch die außen stehenden Elternteile. „Das ist ein großer Fehler", sagt Familientherapeut Gerling-Nörenberg. „Damit nehmen Sie der Patchwork-Familie das Besondere und berauben sich ganz vieler

Möglichkeiten." Die Verdrängung schleicht sich oft unbewusst ein. Mit dem neuen Partner gibt es endlich wieder jemanden, mit dem man über Gefühle, Ereignisse und Probleme reden kann. Das eigene Kommunikationsbedürfnis ist befriedigt, doch der Informations- und Gesprächsbedarf des anderen Elternteils eben nicht. Die Psychotherapeutin und Scheidungsspezialistin Liselotte Staub sagt: „Wenn der Vater ‚entsorgt' und damit Kindern ihr leiblicher Vater entfremdet wird, kommt das einer Gefährdung des Kindeswohls gleich".

Doch auch die eigenen Kinder werden leicht an den Rand gedrängt, z. B., wenn sie allzu schnell mit vollendeten Tatsachen konfrontiert werden oder wenn aus der neuen Beziehung Kinder hinzukommen. (siehe Seite 149). „Man muss sich bewusst sein, dass die Erwachsenen diese Familienform gewählt haben, nicht die Kinder", sagt Gerling-Nörenberg. Beziehungen lassen sich nicht diktieren. An sich bietet eine neue Wohnung die Möglichkeit eines Neuanfangs für alle. „Es gibt keine alten Bilder im Kopf, keine mit alten Erinnerungen besetzten Räume und Plätze", sagt der Familientherapeut.

„Die Erwachsenen müssen damit rechnen und sich darauf einstellen, dass die Ablehnung besonders bei einem älteren

Kind unter Umständen anhält und dass dieses keine enge Beziehung zum Stiefvater eingehen wird", gibt Liselotte Staub zu bedenken. Die kindliche Opposition, die sich in vielen Facetten ausdrücken kann, erfordert viel Geduld und Zeit. Sie sollten diese Widerstände keinesfalls auf die leichte Schulter nehmen. Auf die Wir-

> **Die kindliche Opposition aufzuweichen, erfordert viel Geduld.**

kung der Zeit und guter Vorsätze zu hoffen, wäre fatal und ein offener Machtkampf absehbar.

Nach den Erfahrungen der Münchner Psychologie-Professorin Sabine Walper verzichten allerdings viele Eltern auf das Zusammenziehen, wenn die Widerstände der Kinder unüberwindlich scheinen. Die Ablehnung der Kinder ist für das Paar eine schwere Belastungsprobe. Gerade für den leiblichen Elternteil ist es schwierig, mitten im Konflikt abzuwägen, ob man „nur durchhalten" muss oder ob er tatsächlich bereit ist, das Zusammenziehen oder gar die Beziehung aufzugeben. Wer sich der Liebe und der verständnisvollen Unterstützung seines Partners sicher ist, sollte sich nicht auf Machtkämpfe einlassen.

Zeigen und sagen Sie Ihrem Kind, dass Sie seine Abwehr nachvollziehen und respektieren können, ein respektvolles Miteinander-Auskommen aber trotzdem möglich sein muss. Überlegen Sie gemeinsam, unter welchen Aspekten ein Zusammenleben für es vorstellbar wäre.

||| Eine tolle neue Familie?

„Ein halbes Jahr später sind wir dann alle gemeinsam in ein Haus gezogen – mein Vater, seine Freundin, deren Tochter, der inzwischen geborene gemeinsame Sohn und wir beiden Mädchen – mit dem Plan, alle zusammen eine tolle neue Familie zu werden. Geworden ist daraus nichts. Meine Schwester und ich haben im Erdgeschoss gewohnt, die neue Familie im ersten Stock. Jeder ging so seiner Wege. Die Freundin meines Vaters und ich haben uns zeitweise nicht mal mehr gegrüßt, wenn wir uns im Haus über den Weg gelaufen sind. Es gab auch getrennte Haushaltskassen: Meine Schwester und ich haben 100 Mark Haushaltsgeld im Monat bekommen und sollten uns davon versorgen. Es gab sogar getrennte Fächer im Kühlschrank, und wehe, man nahm die Butter der anderen.

Von uns wurde erwartet, dass wir funktionieren, dass wir Leistungen erbringen, auf die kleinen Geschwister aufpassen. Mein Vater hat mir erklärt, dass es Liebe nicht um ihrer selbst willen gibt, sondern dass man sich die erarbeiten muss. Aus Angst vor Liebesentzug hab ich gefolgt. Die Entscheidung damals für meinen Vater wollte ich nach dem ganzen Hin und Her nicht wieder rückgängig machen. Das musste auf Biegen und Brechen einfach funktionieren."

Sabine, 39 Jahre

„Besserer" Vater, „Freund-Vater" oder „ambivalenter" Vater?

Rein rechtlich hat der Stiefelternteil weder Rechte noch Pflichten gegenüber dem Stiefkind – es sei denn, der Stiefelternteil hat es adoptiert. Doch diese klare Gesetzeslage ist für den Alltag nicht entscheidend. Entscheidend ist der Spielraum, den der leibliche Elternteil Ihnen lässt.

In einer aufwendigen Untersuchung von zehn Stiefvaterfamilien wurden Anfang der 1990er Jahre drei Typen von Stiefvätern identifiziert: Der „bessere" Vater, der „Freund-Vater" und der „ambivalente Vater". Ersterer fühlt sich – wie die Bezeichnung schon sagt – besser als der leibliche Vater und diese Meinung wird von den anderen Familienmitgliedern geteilt. Der „Freund-Vater" akzeptiert seine Stiefkinder im Bewusstsein, dass

Das Modell „Freund-Vater" befriedigt alle Beteiligten am meisten.

es vielleicht nur eine freundschaftliche Beziehung ist. Dieses Modell ist vor allem dort zu beobachten, wo der leibliche Vater sehr präsent ist. Der „ambivalente" Stiefvater wird charakterisiert durch einen „Kindertausch". Dieser Stiefvater hatte eine enge emotionale Beziehung zu seinen ersten Kindern, welche nun bei der Mutter leben und ihn besuchen. Obwohl dieser Stiefvater stark in den Alltag seiner Stiefkinder integriert ist, gelingt ihm keine wirkliche emotionale Nähe. Ansatzweise lassen sich diese geschilderten charakteristischen Merkmale auch auf das seltenere weibliche Pendant übertragen. Das Modell „Freund-Vater" befriedigt alle Beteiligten am meisten. „Freund-Vater" – das klingt nach Kumpel und großem Bruder, nach Fahrrad-Reparierer und „Kummerkasten".

Die Chancen, ein „Freund-Vater" zu werden, hängen von vielen Faktoren ab: Zum einen ist das Alter des Kindes wichtig. Je jünger das Kind beim „Auftritt" des Stiefvaters ist, desto eher entwickelt sich eine warme Beziehung. Entscheidend ist auch das Geschlecht des Kindes. „Jungen sind nach unseren Praxis-Erfahrungen viel eher bereit, einen neuen Partner anzunehmen", sagt die Berner Psychotherapeutin Liselotte Staub.

Das Team um die Münchner Professorin Sabine Walper hat herausgefunden, dass die Beziehung zum Stiefvater darunter leidet, wenn die leibliche Mutter und der Stiefvater häufig streiten, wenn sie über das Kind streiten, und wenn der Stiefvater sehr streng ist. Außerdem beeinflusst die Art der Beziehung zwischen Mutter und Kind – und damit verknüpft auch die Dauer der Alleinerziehenden-Zeit – wesentlich die Akzeptanz des Stiefvaters. Je eingespielter das Team, desto schwerer hat es der „Neuzugang".

||| **Der Freund-Vater**

„Als Max und ich uns entschlossen hatten, zusammenzuziehen, wurde es kompliziert: Wir wollten aus beruflichen Gründen gleichzeitig ins Rhein-Main-Gebiet umziehen. Bevor wir dort eine Wohnung hatten, bin ich drei Monate zwischen Leipzig und Frankfurt gependelt. Anna war in dieser Zeit bei der Oma in einem anderen Ort und ging auch dort in den Kindergarten, sah uns oder mich allein auch nur am Wochenende. Mit dem Umzug war für Anna eine große räumliche Trennung von ihrem Papa verbunden. Die wäre ja noch zu kompensieren gewesen, allerdings ist der Kontakt von seiner Seite dann recht schnell eingeschlafen, es häuften sich Unzuverlässigkeiten, wie: er hatte sich angemeldet, um Anna für eine Woche abzuholen und kam nicht, vergaß Geburtstage, meldete sich nicht mal telefonisch … Das war ein sehr schwieriger und auch langer Prozess für Anna, den sie für sich erst einmal durchmachen musste. Max war in dieser Zeit großartig: liebe- und verständnisvoll, hat viel mit ihr unternommen – aus eigenem Antrieb, also ohne, dass ich ihn dazu hätte auffordern müssen (was ich so sicher auch nicht gemacht hätte)."

Martina, 39 Jahre

Manchmal fühlt sich der Stiefelternteil wie auf Besuch in einem fremden Land. Er trifft auf andere Sitten und Gebräuche, auf verminte Zonen und Sperrgebiete. Ein Eiertanz für den „Zugereisten", um die „Einheimischen" nicht zu brüskieren. „Allein erziehende Mütter sind allgemein so überlastet, dass sie theoretisch jede Gelegenheit ergreifen müssten, diese Mühen zu teilen", schreibt Hetherington. „Und manchmal tun sie es auch. Doch nachdem sie jahrelang allein für die Kinder zuständig waren, entwickeln diese Frauen häufig die Haltung, alles am besten zu wissen, was einer wirklichen Unterstützung natürlich im Wege steht.

Der Stiefelternteil stößt nicht selten auf verminte Zonen und Sperrgebiete.

Nicht selten fühlt sich der Mann, der Hilfe anbietet, am Ende isoliert und abgewiesen." Der Stiefvater braucht im Alltag die Möglichkeit, das Vertrauen und den Respekt der Kinder zu erwerben – das ist die Basis für seine spätere Autorität. Denn unabhängig von der jeweiligen Konstellation in einer Patchwork-Familie gilt laut Edith Weiser vom VAMV Nordrhein-Westfalen: „Der soziale Vater muss sich seine Beziehung erarbeiten."

Die Sache mit der Erziehung

Für die Entwicklung einer vertrauensvoller Beziehung ist es erheblich günstiger, wenn der leibliche Elternteil dies unterstützt. Je älter ein Kind ist, desto wichtiger ist diese Unterstützung „Sie können erst erziehen, wenn eine Beziehung entstanden ist", gibt Familientherapeut Gerling-Nörenberg zu bedenken.

||| Aus der Erziehung raushalten

„Thomas und ich haben eine klare Vereinbarung: Thomas hält sich aus der Erziehung komplett raus. Er schimpft schon mal über Dinge, die ihn direkt betreffen. Aber sonst ist klar, dass die Erziehung die Sache von mir und Michaels Vater ist." *Katja, 35 Jahre*

Diese strikte Trennung lässt sich in der Regel gut durchhalten, wenn die neue Familie nicht unter einem Dach lebt. Eine gemeinsame Wohnung aber macht derartige Grenzziehungen kaum möglich und ist auch nicht ratsam.

||| In die Erziehung einmischen

„Erziehungsfragen sind erst wirklich ein Thema zwischen Jan und mir, seit wir zusammenwohnen. Klar, er hat uns ab da intensiver erlebt, sich öfter eingemischt und ich dachte: ‚Hallo, das ist meins!' Ich habe das ja fünf Jahre lang alleine geregelt." *Heike, 33 Jahre*

Bernd Roedel, Psychotherapeut am Stuttgarter Institut für Systemische Therapie, Beratung und Supervision, rät, sich vor dem Zusammenziehen ausführlich darüber auseinanderzusetzen, wie man gemeinsam die Kinder erziehen will. „Die Idee, jeder müsse seine Kinder selbst erziehen, ist in der Regel zum Scheitern verurteilt." Es muss ein Weg der Kooperation gefunden werden.

||| Bewusst heraushalten

„Wir gehen bei erzieherischen Fragen unterschiedlich ran. Max ist eher der ‚Dogmatiker' und dazu auch mal laut und aufbrausend – dazu noch ein Ordnungsfanatiker, was ‚seine' Sachen etwa im Arbeitszimmer angeht. Was natürlich bei einem jetzt pubertierenden Mädchen nicht gerade auf Gegenliebe stößt. Anfangs habe ich mich immer als „Vermittler" gesehen – dazu bin ich ja auch noch die leibliche Mutter (Hintergedanke im Kopf: Ich muss mein Kind schützen). Dadurch kam es immer wieder zu Konflikten und Streit. Inzwischen ist meine Taktik, mich aus kleineren und größeren Zwistigkeiten bewusst herauszuhalten (um meine Nerven zu schonen, außerdem muss ja auch Anna es lernen, Konflikte zu lösen, und das geht eben nicht immer ohne Tränen). Ihre Konflikte sollen die beiden ohne mich lösen. Wenn es z. B. beim Abendbrot laut wird zwischen den beiden, hab ich mich schon mal mit meinem Teller verzogen oder gesagt, sie sollen das hinterher ausmachen. Klar, bei ‚großen' Fragen, den prinzipiellen Dingen kann man sich nicht so einfach aus der Affäre ziehen. Da muss ich dann einen UN-Blauhelm-Einsatz starten." *Martina, 39 Jahre*

Auf keinen Fall sollte der leibliche Elternteil dem anderen in den Rücken fallen oder umgekehrt. Meinungsverschiedenheiten in Erziehungsfragen sollten Sie möglichst nie vor den Kindern austragen.

||| **Keine Konflikte vor den Kindern**

„Es ist schwierig, wenn der Konflikt vor den Kindern entsteht. Dann akzeptiere ich Simons erzieherische Maßnahmen meistens, auch wenn ich anderer Ansicht bin. Manchmal weiche ich allerdings seine Entscheidungen dann ein wenig auf. Wenn wir danach darüber diskutieren, können wir uns auf die konkrete Situation bezogen schon meistens verständigen. Wenn die Diskussion ins Grundsätzliche übergeht, dann ist das in der Regel nicht möglich. Das belastet ungewollt auch die Partnerschaft. Am besten funktioniert es, wenn die Kinder mit einem von uns allein sind. Wenn dann der andere hinzukommt, überschneiden sich die Vorstellungen. Die Kinder haben aber noch nie Simons Autorität in Frage gestellt. Simon unkt immer, dass das bald kommen werde und sie sagen: ‚Was willst du eigentlich? Du bist doch gar nicht unser Vater!‘"

Charlotte, 40 Jahre

„Ziehen Sie deutlich und gemeinsam eine Generationengrenze zwischen sich und den Kindern!", rät Bernd Roedel. Der Satz „Du hast mir gar nichts zu sagen; denn du bist ja nicht mein Vater/meine Mutter!" beispielsweise darf nicht toleriert werden. Der Stiefelternteil braucht unbedingt die Unterstützung des leiblichen Elternteils. Letzterer kann sich bei Konflikten zwischen seinem Kind und dem neuen Partner heraushalten, indem er zum Kind sagt: „Das musst du mit ihm/ihr selbst klären."

War noch was? Ach ja, das Paar ...

Patchwork-Eltern haben in der Regel nicht die Zeit, so zusammenzuwachsen wie bei einer Kernfamilie. Nicht selten kracht es häufiger als in der früheren Beziehung. Das muss nicht automatisch auf mehr oder gravierendere Konflikte schließen lassen. Aufgrund der Probleme in der früheren Beziehung hat man vielleicht den Merksatz „Wehret den Anfängen" mitgenommen. Meinungsverschiedenheiten werden deshalb früher zur Sprache gebracht und konsequenter diskutiert.

Die Gefahr, sich als Paar zu wenig Zeit füreinander zu nehmen, ist auch in einer Patchwork-Familie groß. Vergessen Sie aber Ihre Architekten-Rolle in der Familie nicht. Es sind immer noch Sie als Paar, die das Fundament bilden. Auch wenn vermutlich Zeit und Geld für ein romantisches Wochenende in einem Hotel fehlen: Der Terminplan hat sicher ab und zu Kapazitäten frei. Sichern Sie sich einen festen Tag — zumindest einmal im Monat, an dem Sie sich ein paar Stunden zu zweit reservieren.

||| Zeit freischaufeln

Wir haben uns früher die Papa-Wochenenden von Moritz für uns freigehalten. Seit Ella da ist, ist das schwieriger. Aber auch jetzt lassen wir sie hin und wieder bei Jans Eltern und schaufeln uns somit ein Wochenende für uns frei.

Heike, 33 Jahre

||| Wir machen das jetzt mal so und so

„Max und ich lösen auch die großen und kleinen Probleme im Alltag anders: Ich bin ein ziemlicher Pragmatiker (Probleme sind da, um gelöst zu werden) und Max eher der Schwarzmaler. Da ist dann meinerseits oft Fingerspitzengefühl gefragt: Früher war Max gern etwas pikiert und fühlte sich sicher das eine oder andere Mal von mir überrollt, wenn ich mit dem Wir-machen-das-jetzt-mal-so-und-so-Motto ankam. Inzwischen ist er aber – so denke ich, sehr oft froh und dankbar, wenn ich Dinge in die Hand nehme und ich ihn auch in die Problemlösungen mit einbeziehe – auch wenn das dann (für mich) manchmal länger dauert."

Martina, 39 Jahre

Wenn Geschwister hinzukommen

Oft erhält ein Kind in einer Patchwork-Familie nicht nur einen Stiefelternteil, sondern auch neue Stiefgeschwister.

Wie beim Erwachsenen ist auch hier vermutlich die erste Annäherung eher von abwartender Distanz geprägt.

Neue Stiefgeschwister stellen für das Kind der Patchwork-Familie alles auf den Kopf.

Schließlich wird sich viel verändern: die Geschwisterreihe und die Geschlechterposition – plötzlich ist man nicht mehr die Älteste, auf einmal nicht mehr der einzige Junge –, Privilegien schwinden und neue Verantwortlichkeiten ergeben sich. So viele Dinge muss Ihr Kind nun teilen: Ihre Zeit und Zuwendung, vielleicht auch sein Zimmer und seine Spielsachen. Bisherige Einzelkinder trifft diese Flut von Veränderungen am härtesten.

Es erleichtert den Start, wenn in der gemeinsamen Wohnung genügend Raum vorhanden ist, so dass die Stiefgeschwister nicht gezwungen sind, das Zimmer miteinander zu teilen. „Eine Patchwork-Familie mit Kindern aus zwei Familien braucht mehr Raum, da das Bedürfnis nach Abgrenzung, Nähe und Distanz sich von dem der Kernfamilie unterscheidet", sagt Liselotte Staub. Auch Familientherapeut Gerling-Nörenberg plädiert für einen jeweils eigenen Bereich für die Kinder. Auch wenn die Kinder „nur" zu Besuch kommen, sollte ihnen möglichst ein Raum freigehalten werden: „Nur: Wer kann sich das schon leisten?" Für die Patchwork-Familie sei an sich ein neues gemeinsames Wohnumfeld besser. „Wenn der eine zum anderen Teil zieht, dann bedeutet der Umgang mit den dortigen Regeln und Gewohnheiten eine zusätzliche Herausforderung."

Psychotherapeutin Liselotte Staub vergleicht die Bildung einer Patchwork-Familie mit einer Firmenfusion: „Zwei eingespielte Teams mit ihren festen Mustern und Regeln werden zu einem neuen Gebilde zusammengeführt. Die „Angestellten", die Kinder, sind verunsichert und machen sich Sorgen um ihre Zukunft. Den Mitarbeitern der je anderen Gruppe wird mit Misstrauen begegnet. Man hat Angst, benachteiligt zu werden."

Deshalb müssen Sie die neue Situation ausführlich mit den Kindern besprechen. Zeigen Sie ihnen, dass sie über ihre Ängste und Befürchtungen offen sprechen können, dass sie ernst genommen werden und dass Sie sie genauso lieb haben wie zuvor! „Die Verantwortung für die Zusammenführung der Kinder haben immer die Erwachsenen!", betont Familientherapeut Gerling-Nörenberg.

Einen großen Einfluss auf die Beziehung zwischen den neuen „Geschwister"-Kindern haben die Beziehungen zwischen den Elternfiguren in- und außerhalb der Patchwork-Familie. Durch Konflikte auf der Erwachsenenebene werden sehr schnell aus „unseren Kindern" „deine Kinder und meine Kinder". „Die Kinder, welche die Beziehung der Erwachsenen in der Patchwork-Familie mit Argusaugen verfolgen, spüren Konflikte sehr rasch und sind dann sehr schnell dabei, die Erwachsenen gegeneinander auszuspielen. Es geht ihnen umso besser, je weniger Konfliktpotenzal, Konkurrenzverhalten und Verlustängste zwischen ihren leiblichen Eltern untereinander sowie zwischen ihren Eltern und Stiefeltern besteht."

||| Sie will mit mir nicht darüber reden

„Jessica redet nicht über unsere sehr komplexe Situation – noch nicht. Sie macht einen Bogen um das Thema. Nur wenn die Eltern von Freundinnen streiten und dabei von Trennung die Rede ist, dann hängt sie lange mit der jeweiligen Freundin am Telefon und redet darüber. Ich tue mich auch schwer, selbst die Sprache drauf zu bringen. Wenn sie sagt, sie will reden, dann gerne. Aber ich möchte nicht von mir aus agieren."   *Andreas, 45 Jahre*

Auch Thomas Gerling-Nörenberg hat in seiner Praxis die Erfahrung gemacht, dass Probleme der Stiefkinder wenig kommuniziert werden. Er rät aber davon haben, zu sehr nachzufragen. „Das irritiert eher". Wenn möglich, sollte man sich lieber bei dem anderen Elternteil erkundigen.

„Stiefgeschwister können durchaus eine gute Beziehung zueinander entwickeln", sagt Liselotte Staub. Das Bedürfnis nach Beziehung zum Stiefgeschwister müsse den Kindern aber selber überlassen werden. Da es sich auf der Ebene der Kinder um eine unfreiwillige Zusammenführung handelt, kann es auch sein, dass sich die Kinder nicht mögen und auch nie mögen werden.

Liselotte Staub rät: „Es ist wichtig, keinen Druck auszuüben, auch wenn es noch so toll wäre, wenn z. B. die beiden gleichaltrigen Jungs sich gut verstehen würden. Gerade bei Kindern gleichen Geschlechts oder gleichen Alters besteht die Gefahr von Konkurrenzverhalten, weil sich der Anreiz zum Vergleich anbietet." Die Eltern sollten die Kinder in ihrer Eigenart unterstützen und die Kinder in ihrem Bedürfnis nach Eigenheit und eigenem Raum zu respektieren.

Die Patchwork-Familie im Dauerbetrieb

„Eine Patchwork-Familie braucht vor allem Offenheit und Toleranz", sagt Christina Kefalidis. Die Diplom-Psychologin ist beim Kinderschutzbund Trainerin und Leiterin des Programms „Starke Eltern – starke Kinder. Mehr Freude mit Kindern".

Dieses mehrwöchige Programm hat zum Ziel, das Selbstvertrauen als Eltern zu stärken, für die Familie wichtige Werte zu erkennen und die Fähigkeiten zum Verhandeln, Grenzen setzen und Zuhören zu erweitern. In welcher Kombination Sie auch immer zusammengefunden haben, die Art der Probleme ähnelt sich:

— Die Patchwork-Familie ist in sich immer in Bewegung. Immer wieder müssen sich alle Beteiligten auf eine neue Form der Familie einstellen. Es gilt regelmäßig oder unregelmäßig Übergänge zu bewältigen, da entweder die Stiefkinder oder die Stiefelternteile zwischen ihren beiden Familien pendeln. Dieses immer wieder neue Einordnen in die Familie, auch die Geschwisterreihe verändert sich dadurch beispielsweise, erfordert viel Flexibiliät.

— Die Familie hat keine gemeinsame Geschichte, die Lebensphasen überschneiden sich. Die neue Familie kann auf keine Tradition, nicht auf Gewohnheit zurückgreifen.

— Die größere Familie steht vor vielen „banalen" Alltagsproblemen: War das Zusammenrücken in der Wohnung zunächst noch abenteuerlich und lustig, entpuppen sich die räumlichen Änderungen im Dauerbetrieb als belastend. Was koche ich wie? Und wie viel davon? Was spielen wir denn zu siebt? Wie be-

Banale Alltagsprobleme müssen bewältigt werden, wenn viele Köpfe unter einem Dach leben.

stimmen wir das Fernsehprogramm? Jedes Problem ist für sich genommen sicher zu bewältigen, aber angesichts der Masse sinkt die Verhandlungsbereitschaft.

— Die Beziehungen zwischen Stiefeltern und jugendlichen Stiefkindern entwickeln sich nicht linear. Während einige Beziehungen mit der Zeit an Nähe gewinnen, werden andere distanzierter. Nach anfänglichem Interesse und viel miteinander verbrachter Zeit stellen sich die Auseinandersetzungen oft erst im Laufe der Zeit ein. War das Zusammenleben erst unproblematisch, versucht sich das Stiefkind vom Stiefvater zu distanzieren. Das beginnt meist ab der Phase, in welcher der Stiefelternteil auch mehr Erziehungsaufgaben übernimmt.

— In der übersichtlichen Kernfamilie waren lediglich der Partner und vielleicht noch die Großeltern unterschiedlicher Meinung über den Erziehungsstil. Jetzt ist es komplizierter.

— Die außenstehenden Elternteile werden ausgeschlossen. Familientherapeut Thomas Gerling-Nörenberg warnt davor, sich bewusst oder unbewusst als Kernfamilie zu betrachten, um zusätzliche „Störungen" im ohnehin anstrengenden Alltag zu vermeiden.

— Das Paar hat zu wenig Zeit füreinander: ein Problem, das man vermutlich schon aus der früheren Beziehung kennt. Aber jetzt erscheint es noch viel weniger lösbar.

Nicht selten glückt der Start, doch nach einiger Zeit stottert der Patchwork-Motor. Das ist verständlich. Nur erwarten viele Erwachsene zu diesem Zeitpunkt keine Probleme mehr, weder von sich selbst noch von den Kindern. Der harmonische Anfang hat die vielen Hindernisse vergessen lassen. Gerling-Nörenberg rät, sich fachliche Hilfe zu holen – „auch wenn Zeit und Geld knapp sind!"

Auch die Psychologin Christina Kefalidis ist überzeugt: „Wir warten oft viel zu lange. Positiv sollte man an die Herausforderungen der Erziehung herangehen und sich sagen: Ich interessiere mich für meine Kinder, ich will noch besser werden in der Erziehung!"

||| Hilfen für die Kinder

„Wir haben Moritz in den letzten zwei Jahren verdammt viel zugemutet. Wir sind umgezogen, zwar innerhalb Münchens, aber das hieß doch: ein anderer Sprengel, keiner seiner Freunde kam mit ihm in die Schule. Er wurde außerdem früher eingeschult, Ella kam auf die Welt und dann sind noch meine Eltern, an denen er sehr hängt, an die Nordsee gezogen. Er macht immer noch ins Bett und deshalb hat der Kinderarzt uns eine analytische Spieltherapie empfohlen. In diesen Stunden spielt der Therapeut mit ihm, Gesellschaftsspiele, Rollenspiele, Ballspiele und dabei

▶

kommen die zwei offenbar ganz gut ins Gespräch über Moritz'
Sicht auf seine Familie und die Welt. Moritz erzählt gar nichts von
den Stunden, aber ich merke, er traut sich mehr. Moritz' Vater geht
jetzt auch regelmäßig zu Vater-Gesprächen dorthin und es läuft
sehr gut! Es ist sehr faszinierend, was es bringt, wenn eine außen-
stehende Person Dinge anspricht, ohne dass die alte Beziehung
eine Rolle spielt. Mein Ex-Freund ist jetzt sehr bemüht, einen
regelmäßigen Kontakt zu halten und wir konnten sogar offen über
diese ‚Jahresanfangspausen' sprechen. Ein großer Fortschritt!"

Heike, 33 Jahre

Politik der kleinen Schritte

Dass es nicht nur Kindern schwer fällt, ihre Gefühle, Wünsche und Ziele zu äußern, merkt Christina Kefalidis immer
wieder in den Kursstunden. Ein wichtiges Ziel von „Starke
Eltern – starke Kinder" ist es, die eigene
Identität als Erzieher zu erkennen und
die damit verbundenen Regeln und
Werte auch umzusetzen. Dazu müsse
man sich viele Fragen stellen: Wer bin
ich? Was will ich? Wie bin ich Vorbild? Was bringe ich mit,
was mein Partner? Was wollen wir zusammen und wie setzen wir das um? Wie lösen wir Probleme?

Die Erziehung der Kinder wird innerhalb der Patchwork-Familie ein Konfliktherd bleiben.

||| **Statt neuer Regeln gesunder Menschenverstand**

„Was bei uns überhaupt nicht klappt im Familienleben, ist ein ausgefeilter Katalog an ‚Regeln'. Klar, ein paar ganz große Regeln (nicht lügen, nicht stehlen, keine Gewalt etc.), die haben wir drauf, aber bei der Durchführung der ganzen anderen Regeln hapert es immer wieder: an Inkonsequenz bei der Durchsetzung, an Nervenstärke oder dem Erfindungsreichtum bei der Auslegung. Wir versuchen es zwar immer mal wieder mit neuen Regeln, aber irgendwie ohne großen Ehrgeiz – der Alltag klappt auch so: mit gesundem Menschenverstand und spontanen ‚Eingebungen.'"

Martina, 39 Jahre

Die Erziehung der Kinder wird im Zusammenleben der Patchwork-Familie ein verlässlicher Konfliktherd bleiben (wie bei einem Großteil der Kernfamilien auch). Sie haben sich vielleicht auf ganz grundsätzliche Dinge geeinigt. Sie wissen von den Werten und Grundsätzen des anderen. Sie schaffen es sogar, diese zu berücksichtigen und die gemeinsamen Vorstellungen umzusetzen. Doch Sie können sich unmöglich auf alle Facetten des Alltags mit Kindern vorbereiten. Bei spontanen Erziehungskonflikten wird Ihnen nichts anderes übrig bleiben als zu improvisieren, sich zu arrangieren und manchmal schlicht, sich jeweils herauszuhalten.

||| **Mein Ein und Alles**

„Sieben Jahre wohnen Simon, meine zwei Töchter und ich jetzt schon zusammen und irgendwie fühle ich mich immer noch allein verantwortlich. Ich richte mein Leben immer so ein, dass alles funktioniert. Das mag auch an meiner Person liegen, dass ich mich so verantwortlich fühle, aber gerade die Erziehung lässt sich nicht auf vier Schultern verteilen. Hier diskutieren wir immer. Simon ist strenger, konsequenter, ihm fehlt vielleicht das letzte Quäntchen Geduld und Nachsicht, das er mit seinen eigenen Kindern hätte. Ich bin eher bereit, Zugeständnisse zu machen, aber ich bin ja auch öfter mit der entsprechenden Situation konfrontiert. Das klingt jetzt vielleicht ein bisschen seltsam, aber es gibt in unserem jeweiligen Verhalten den Kindern gegenüber viele Parallelen zu ‚Sascha‘, dem Hund, den Simon hatte. Ich habe zu dem Hund nie diese Nähe aufbauen können, die Simon hatte und er hatte viel mehr Rück- und Nachsicht für ‚Sascha‘, als ich das je aufbringen konnte. Der Hund war ihm zugelaufen, er war sein Ein und Alles. Er liebt meine Kinder, keine Frage, aber anders als ich.“

Charlotte, 40 Jahre

Eine „Politik der kleinen Schritte“ kann auch bei familiären Konflikten helfen. Das heißt: Die Situation kann sich schon durch Lösungen für konkrete Detailprobleme entspannen. Das große Ganze braucht Zeit.

Immer noch alle an Bord?

Auch in einer Kernfamilie ziehen die Eltern nicht immer an einem Strang. Diese Unterschiede erleben Kinder als selbstverständlich. In einer Patchwork-Familie schwingen aber bei dieser Abstimmung der Erwachsenen in der Regel mehr Ängste und Unsicherheiten mit. Und auch weil dieser Prozess in der neuen Familie so anstrengend ist, geraten die außenstehenden Elternteile oft unbewusst weiter ins Abseits, um nicht an noch mehr Fronten kämpfen zu müssen. Die neuen Beziehungen der Eltern können sehr unterschiedliche Wirkungen auf die Alltags- und Wochenendfamilie haben.

||| Neue Beziehungen

„Wenn beide Elternteile Beziehungen haben, entspannt das schon sehr die Situation. Meine Töchter reklamieren ihren Vater gar nicht ausschließlich für sich, die sind eher froh, dass er noch jemanden hat und versorgt ist."
Charlotte, 40 Jahre

„Richtig problematisch wurde es, als die neue Beziehung meiner Ex-Frau sich zu verfestigen begann. Das war der Zeitpunkt, als meine Jessica in den Kindergarten kam. Ich durfte sie auf einmal nicht mehr in den Kindergarten bringen, mit der Begründung, ich hätte ja eh kein Sorgerecht."
Andreas, 45 Jahre

Vergessen Sie bei all dem Ringen um Konsens nicht die positiven Aspekte. Die Kinder lernen im Alltag in komplexen Systemen zu denken, trainieren ihre Kommunikations- und Kooperationsfähigkeit und lernen Werte, Meinungen und Normen auf ihre Gültigkeit hin zu überprüfen.

||| **Zusammenwachsen mit Höhen und Tiefen**

„Die allermeisten unserer ‚Probleme' haben wir mit (meinem) Pragmatismus, viel gesundem Menschenverstand und gemeinsamer Kraft ‚überstanden' – und das ist etwas, worauf wir immer mal wieder zurückblicken und stolz sind. Max hat ein Talent, mit Kindern umzugehen, auch wenn er das nicht zugibt, und hat sich auch gern mit Anna beschäftigt. Ohne dass ich etwas forciert hätte, haben sich Max und Anna emotional aneinander gebunden, obwohl sie – bis heute – nicht immer ein Herz und eine Seele sind. Eigentlich sind wir so im Großen und Ganzen zufrieden, wie unser Zusammenwachsen mit allen Höhen und Tiefen vonstatten ging. Man kann immer ‚Fehler' machen – aber ‚das' allgemeingültige Rezept gibt es eh nicht."

Martina, 39 Jahre

Psychologin Christina Kefalidis vom Kinderschutzbund rät:

– Versuchen Sie immer wieder die Perspektive zu wechseln! Wie kommt das, was ich sage und was ich tue bei dem anderen an?

– Lassen Sie los! Sie können die außenstehenden Familienmitglieder nicht steuern. Aber Sie können deren Position gleichwertig neben Ihre Meinung stellen und sich erklären!

– Werden Sie aktiv! Tauschen Sie sich aus! Bleiben Sie nicht im stillen Kämmerlein und lesen Sie nicht einen Ratgeber nach dem anderen!

– Pflegen Sie Ihre Beziehung! Reservieren Sie sich eine Zeit, einen Ort, an dem nicht über die Expartner, Erziehungsprobleme und andere Dinge, die nicht Sie als Paar betreffen, gesprochen wird!

Nochmal Zuwachs

Ein neues gemeinsames Kind bringt das „Mobile" der Patchwork-Familie erneut zum Schaukeln. Für seine Eltern bedeutet es eine größere Verbundenheit, für den bisher kinderlosen Partner eine neue Erfahrung der Elternschaft, das Erleben einer anderen Verbundenheit. Für die schon mitgebrachten Kinder bedeutet das neue Kind, die Rollen auf der Geschwisterebene neu zu verteilen, Privilegien aufzugeben und neue Verantwortlichkeiten zu übernehmen.

||| **Neues Nesthäkchen**

„Moritz war zunächst stinkbeleidigt, dass es ein Mädchen wird. Es war am Anfang ein bisschen schwierig, weil er nach fünf Jahren ‚entthront' worden ist, aber das hat, denke ich, nichts mit unserer Patchwork-Situation zu tun. Er liebt seine kleine Schwester inzwischen heiß und innig."

Heike, 33 Jahre

Denken und handeln Sie auch hier „in kleinen Schritten"! Ihr gemeinsames Kind kann sich als Bindeglied entpuppen und das Zusammengehörigkeitsgefühl stärken. Es kann aber genauso wenig wie bei einer angeschlagenen Beziehung Risse in der Patchwork-Familie kitten. Nicht aufgearbeitete Probleme werden nach einer Weile wieder auftauchen und sich sogar verstärken. Sagen und zeigen Sie Ihren Kindern, dass sie durch die Geburt ihres Halbgeschwisters für ihre Eltern nicht weniger wichtig geworden sind und nicht weniger geliebt werden.

Wichtig ist es, aufgrund des Neuzugangs lieb gewonnene Rituale für die anderen Kinder nicht zu vernachlässigen oder gar aufzugeben. Mit dem Älterwerden der Kinder treten besondere Gewohnheiten wie etwa die abendliche Gute-Nacht-Geschichte oft in den Hintergrund und die

Kinder lesen selbst noch vor dem Schlafen. Versuchen Sie deshalb, sich bewusst für jedes Kind eine Extra-Zeit zu reservieren, einen täglichen Moment, in dem Sie nur ihm gehören und den Sie auch notfalls gegen die Ansprüche anderer oder die eigene Nachlässigkeit verteidigen müssen.

Insbesondere wenn der Altersabstand zwischen dem Nesthäkchen und den anderen Geschwistern groß ist, ist es wichtig, speziell die Bedürfnisse der älteren Kindern zu respektieren und die gemeinsamen Aktivitäten nicht ausschließlich nach dem „schwächsten Glied in der Kette" auszurichten.

Psychotherapeutin Liselotte Staub rät deshalb den Erwachsenen, mit den Kindern getrennt voneinander Unterschiedliches zu unternehmen. „Eine Falle besteht nämlich darin, der Wunschvorstellung ‚Jetzt sind wir eine richtige Familie und machen alles gemeinsam' verfällt." Bei unterschiedlicher Behandlung der Kinder (z. B. Schlafenszeiten, Erwartungen, Belohnung) werfen diese den Erwachsenen nicht selten Bevorzugung oder fehlende Liebe vor. „Dieses Verhalten hat oft damit zu tun, dass die Erwachsenen in ihrem Erziehungsverhalten wenig Sicherheit ausstrahlen oder nicht genügend mit den Kindern über die besondere Situation sprechen."

||| **Alltagstipps von Martina:**

- Entspannt und unverkrampft bleiben, zwischendurch mal durchatmen und zurückschauen!

- Mit dem Kind, den Kindern reden: vor wichtigen Entscheidungen oder Änderungen und erklären, warum jetzt etwas so ist oder anders wird, was sich für das Kind ändert, was sich für jeden einzelnen in der Familie ändert und worauf es ankommt.

- Freiräume für alle lassen, zeitliche, räumliche, gedankliche.

- Nicht klammern – weder am Kind, noch am Partner, noch an eigenen Vorstellungen und Ansichten.

- Bei den eigenen erzieherischen und sonstigen Ansichten zurückstecken – der andere kann das auch und mindestens genauso gut, auch wenn es nicht der leibliche Elternteil ist.

- Familiäre und sonstige Netzwerke nutzen für praktische Hilfe und Kinderbetreuung. Scheuen Sie sich auch nicht, das Kind mal für ein Wochenende oder eine ganze Ferienwoche „abzugeben", um Zeit nur mit dem Partner verbringen zu können.

- Das ganze „Projekt" als etwas Spannendes, immer wieder Überraschendes und Neues betrachten!

Zum Schluss ein Mutmacher – eine spontan getippte E-Mail von Christines Tochter:

||| **Voll cool!**

„Ehrlich gesagt, finde ich es jetzt im Nachhinein gar nicht so schlimm, dass meine Eltern getrennt sind. Ich habe meine Mutter und ihren Freund, die ich liebe und die mich lieben und ich habe Papa und seine zweite Freundin, die ich auch liebe!!! Ich habe also Liebe im Überfluss, und da alle ziemlich unterschiedlich sind, gibt es auch ziemlich viel Abwechslung in unserem Leben. Dadurch, dass mein Vater uns nur jedes zweite Wochenende sieht, konzentriert er sich auch vollkommen auf uns und ist nicht abends gestresst und vor allen Dingen streiten wir uns nicht. Ich finde die Lösung insgesamt voll cool!!!"

Marie, 14 Jahre

Anhang

Liste der zitierten Experten

Dr. Walter Bien. Der Familienforscher ist beim Deutschen Jugendinstitut Leiter der Abteilung „Zentrum für Dauerbeobachtung und Methoden" und hat in den Jahren 1994 bis 2000 mit der Untersuchung „Stieffamilien in Deutschland" zusammen mit Kollegen die bisher umfangreichste repräsentative Studie zur Situation von Patchwork-Familien vorgelegt.

Edmund Faust. Der Facharzt für Psychosomatische Medizin ist bei der Vätergruppe Kassel Leiter der „Initiative Begleiteter Umgang (IBU)". Die IBU-Mitarbeiter führen im Auftrag der beiden Jugendämter von Stadt und Landkreis Kassel begleitete Umgänge für Kinder durch, wenn ein sicherer Kontakt zwischen Kindern und ihren getrennt lebenden Eltern ermöglicht werden soll. Dies betrifft in erster Linie so genannte „hochstrittige Fälle" mit einer extremen Eskalationsbereitschaft der Eltern.

Thomas Gerling-Nörenberg. Der Paar- und Familientherapeut ist selbst Patchwork-Vater, und bietet seit vier Jahren Seminare für Patchwork-Familien in verschiedenen Bildungshäusern im Münsterland an. Er arbeitet seit vielen Jahren in eigener Praxis mit Paaren und Familien, Schwerpunkt: Patchwork-Familie in Münster.

Christina Kefalidis. Die Diplom-Psychologin ist beim Landesverband des Kinderschutzbundes Nordrhein-Westfalen Trainerin des Programms „Starke Eltern – starke Kinder". Sie ist bundesweit als Elternkurs-Leiterin tätig und selbst Patchwork-Mutter.

Bernd Roedel. Der approbierte psychologischer Psychotherapeut ist am Stuttgarter Institut für Systemische Therapie, Beratung und Supervision sowohl als Lehrtherapeut für Systemische Therapie als auch als Therapeut tätig.

Dr. Liselotte Staub. Die Psychologin und Psychotherapeutin führt eine Praxis in Bern. Sie ist als Wissenschaftlerin an der Kinder- und Jugendpsychiatrischen Klinik der Universität Bern tätig, wo gerade eine Interventionsstudie zur Vorbeugung von Verhaltensauffälligkeiten bei Scheidungskindern läuft. Sie ist selbst Patchwork-Mutter.

Professor Sabine Walper. Die Wissenschaftlerin hat zusammen mit Professor Dr. Rudolf Tippelt den Lehrstuhl für Allgemeine Pädagogik und Bildungsforschung an der Ludwigs-Maximilians-Universität in München inne. Sie war unter anderem federführend an dem Forschungsprojekt „Familien in Entwicklung: Kinder und Jugendliche in Deutschland" beteiligt.

Edith Weiser. Die Diplom-Pädagogin ist Geschäftsführerin des Verbands alleinerziehender Mütter und Väter Landesverband NRW e.V.

Vielen Dank an Alexandra, Andreas, Anke, Charlotte, Christine, Heike, Katja, Marie, Martina und Sabine (alle Namen geändert) für ihre Bereitschaft und Zeit, ihre Erfahrungen zu erzählen.

Literatur

„Großeltern. Ruhender Pol in stürmischen Zeiten", Verband allein erziehender Mütter und Väter Landesverband NRW e.V., 2006.
Zu beziehen unter info@vamv-nrw.de
oder bei VAMV LV NRW e.V., Juliusstr. 13, 45128 Essen,
Tel.: 0201/82774-70. Kosten: 3 Euro (inkl. Versand).

„Neue Wege entdecken – Praxisbeispiele für den Umgang mit dem Umgang", Verband alleinerziehender Mütter und Väter Landesverband NRW e.V., 2007. Zu beziehen unter info@vamv-nrw. de oder bei VAMV LV NRW e.V., Juliusstr. 13, 45128 Essen, Tel.: 0201/82774-70. Kosten: 3,50 Euro (inkl. Versand).

„Scheidung. Die Perspektiven der Kinder", E. Mavis Hetherington, John Kelly, Beltz-Verlag, 2003.

„Scheidung und Kindeswohl", Staub, Liselotte & Felder, Wilhelm, Huber-Verlag, 2004.

„Vergessene Kinder. Wenn Kinder ihr Recht auf Umgang nicht verwirklichen können.", Verband alleinerziehender Mütter und Väter Landesverband NRW e.V., 2006. Zu beziehen unter info@vamv-nrw.de oder bei VAMV LV NRW e.V., Juliusstr. 13, 45128 Essen, Tel.: 0201/82774-70. Kosten: 4 Euro (inkl. Versand)

Adressen

Bundesarbeitsgemeinschaft Selbsthilfegruppen Stieffamilien, Bahnhofstr. 59, 63179 Obertshausen, Telefon 06104/407970, www.stieffamilien.de. Die Bundesarbeitsgemeinschaft Selbsthilfegruppen Stieffamilien vertritt die Interessen von Stieffamilien in Deutschland. Träger ist die Arbeitsgemeinschaft Stieffamilien e.V.

Deutscher Kinderschutzbund Bundesverband e.V., Hinüberstr. 8, 30175 Hannover, Telefon: 0511/30485-0, info@dksb.de, www.dksb.de. Der Kinderschutzbund setzt sich für Kinder ein, spürt Missstände auf und drängt Politiker zum handeln.

„Starke Eltern – starke Kinder®. Mehr Freude mit Kindern",
Hinüberstr. 8, 30175 Hannover, Telefon: 0511/30485-0,
info@dksb.de, www.starkeeltern-starkekinder.de

TuSch – Trennung und Scheidung – Frauen für Frauen e.V.,
Grimmstraße 1, 80336 München, Telefon: 089/774041,
info@tusch.info, www.tusch.info; Psychosoziale Beratung,
juristische und steuerliche Information (dafür ist die Mitgliedschaft
im Verein notwendig), Mediation, Umgangsberatung, Vorträge
und Workshops, Treffen, Gesprächs- und Selbsthilfegruppen.

Verband allein erziehender Mütter und Väter e.V.,
Bundesvorstand Hasenheide 70, 10967 Berlin,
Telefon: 030/69 59 78 6, kontakt@vamv.de, www.vamv.de

Bundesgeschäftsstelle Verband berufstätiger Mütter e.V.,
Postfach 29 04 26, 50525 Köln, Telefon: 01803/221826,
Sprechstunde: donnerstags von 9 bis 11 Uhr,
kontakt@berufstaetige-muetter.de. Netzwerk, das über alle Themen
rund um Beruf und Familie informiert. Die Mitglieder werden –
auch online – beraten und auf den vbm-internen Websites können
berufliche und auch private Kontakte geknüpft werden.

Im Internet

www.awo.de. Homepage der Arbeiterwohlfahrt. Hier lässt
sich unter der Rubrik „Einrichtungen und Dienste" mit dem
„Beratungsstellenlotsen" das passende Angebot vor Ort finden.

www.bafm-mediation.de. Internetauftritt der Bundes-Arbeits-
gemeinschaft für Familien-Mediation. Hier können Sie unter
anderem geordnet nach Postleitzahlen die Adressen von Mediatoren
in Ihrer Umgebung finden.

www.bke.de. Internetauftritt des Bundeskonferenz für Erziehungs-
beratung bke. Der Fachverband für Erziehungs-, Familien- und
Jugendberatung bietet professionelle Beratungsangebote über
das Internet an. Die Online-Beratung ist wie die Beratung in
den Erziehungs- und Familienberatungsstellen kostenfrei. Es gibt
außerdem die Möglichkeit von Einzelchats und moderierten
Themen- und Gruppenchats.

www.caritas.de. Homepage des Deutschen Caritasverbandes e.V.
Der katholische Wohlfahrtsverband hat bundesweit Beratungsstellen,
die auf der Internetseite nach Schlagworten sortiert zu finden sind.

www.evangelische-beratung.info. Das Online-Portal ist ein Angebot
der „Evangelischen Konferenz für Familien- und Lebensberatung
e.V. – Fachverband für Psychologische Beratung und Supervision"
im Diakonischen Werk der Evangelischen Kirche in Deutschland.
Auch hier können Sie eine passende Beratungsstelle vor Ort suchen.

www.familienhandbuch.de. Ein Internet-basiertes Handbuch zu
Themen der Kindererziehung, Partnerschaft und Familienbildung
für Eltern, Erzieher, Lehrer und Wissenschaftler mit vielen Foren.
Herausgeber: Wassilios E. Fthenakis, Professor für Entwicklungs-
psychologie und Anthropologie an der Freien Universität Bozen/
Fakultät für Bildungswissenschaften und Dr. Martin R. Textor vom
Staatsinstitut für Frühpädagogik in München.

www.patchworkfamilie-beratung.com. Praxis-Homepage des Familientherapeuten Thomas Gerling Nörenberg, mit moderiertem Forum.

www.stieffamilien.de. Homepage der Bundesarbeitsgemeinschaft Selbsthilfegruppen Stieffamilien, auf der unter anderem aktuelle Gerichtsurteile sowie eine ausführliche Literaturliste für Erwachsene und Kinder zu finden ist.

www.vamv.de. Internetauftritt des Verbandes alleinerziehender Mütter und Väter. Hier finden Sie Informationen zu finanziellen, juristischen und sozialen Themen, alphabetisch geordnet, sowie die Adressen der Landes- und Ortsverbände.

www.berufstaetige-muetter.de Homepage des Verbandes berufstätiger Mütter e.V. – mit vielen verschiedenen Foren-Kategorien.

www.dji.de Internetauftritt des Deutschen Jugendinstituts, des größten außeruniversitären sozialwissenschaftlichen Forschungsinstituts im Bereich Kinder, Jugendliche, Frauen und Familien. Umfangreiche Informationen von A wie Aggressionsprävention bis Z wie Zwölfter Kinder- und Jugendbericht.

www.familiennetz.eltern.de/foren Foren von eltern.de und elternfamily.de.

www.staub-psychologie.ch Homepage der Berner Psychologin und Psychotherapeutin Liselotte Staub, die auch online Fragen zum Thema „Scheidung" beantwortet.

Register